知りたいことがよくわかる！

図 解

不動産のしくみと新常識

オール
カラー版

脇 保 雄 麻 ［著］

ナツメ社

は　じ　め　に

不動産取引は大きな決断

　不動産取引は人生を大きく左右する重要な決断です。売買でも賃貸でも、契約の際は大きな緊張感をともないます。

　一生に何度も行う決断ではありませんから、誰しも「後悔したくない」「満足できるものにしたい」と考えるでしょう。

　さらに、不動産取引には何かと専門的な知識が求められることもあって、決断するのは簡単ではないのです。

不動産会社の担当者はお客様の強力サポーター

　不動産取引の際、不動産のプロとしてお客様をサポートするのが不動産会社の担当者です。

　たとえば物件を選ぶ際、お客様が気づかない点も確認して伝える。契約を交わす際は、重要事項についてわかりやすく説明する。担当者の知識、経験によって、お客様の満足度が違ってきます。不動産会社に勤める人は、不動産についての知識を幅広く身につける必要があるわけです。

　本書の特徴は以下のとおりです。

- 実務の注意点やチェック事項、制度のメリット・デメリットなどを図版でわかりやすく説明している
- 専門用語を側注でわかりやすく解説している
- 各種の計算方法を公式や例題を交えて具体的に解説している
- 実際の書類をもとに、どこに注目するべきかを示している
- 物件調査や契約業務などの基礎はもちろん、集客活動や賃貸、借地権など不動産業界に関わるテーマを幅広く取り扱っている

　本書は、不動産知識を身につけたい人の第一歩となる本を目指して制作しました。不動産取引の流れといった基本的な知識を取り扱っています。

　また、不動産のプロとして実践で使える知識も紹介しています。はじめて不動産業界の知識に触れる人はもちろん、経験者の復習にも活用できるでしょう。また、不動産業界の実態なども合わせて解説しています。実務に役立ててください。

不動産取引に関わるすべての方に向けて

次のような人は、本書がお役に立てるはずです。

- 家の購入や売却を考えている人
- 物件の貸し借りを考えている人
- 不動産関連業界の人
- 弁護士・税理士・司法書士・銀行担当者等で不動産に関わる人
- 不動産業界に就職希望の人
- 不動産取引の基礎知識を学びたい人

　不動産取引時には、お客様にもある程度の知識があるにこしたことはありません。

　また、不動産業界には多くの関連する企業があります。建築業者、リフォーム業者、住宅ローンを販売する金融関連の担当者など、不動産知識を求められる人は数多くいます。

　本書はベーシックな知識を幅広く紹介していますから、知りたい情報を目次や索引から該当箇所を探しやすく、ポイントをすばやくつかむことができます。

　不動産会社の担当者の実務を知ると、相手の発言の意図が読み取れるので、コミュニケーションもよりスムーズになるでしょう。

より満足できる不動産取引のために

　不動産取引は、法律・税務・建築等、広範囲な知識を要求されます。また、不動産は一つとして同じものが存在しない以上、日々学び続けなければなりません。

　本書をきっかけに、不動産に携わるさまざまな人の基礎知識習得にお役に立てれば幸いです。より満足できる不動産取引となるようお祈りしております。

㈱ユー不動産コンサルタント　脇保雄麻

コロナがもたらした 不動産業界への影響

◤ 中古マンションの成約件数　前年同月比推移

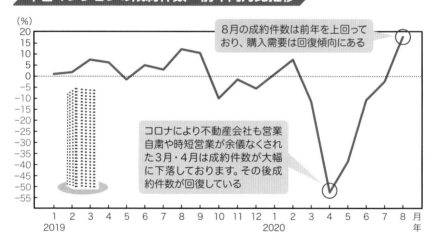

8月の成約件数は前年を上回っており、購入需要は回復傾向にある

コロナにより不動産会社も営業自粛や時短営業が余儀なくされた3月・4月は成約件数が大幅に下落しております。その後成約件数が回復している

(%)

20
15
10
5
0
−5
−10
−15
−20
−25
−30
−35
−40
−45
−50
−55

1　2　3　4　5　6　7　8　9　10　11　12　1　2　3　4　5　6　7　8　月
2019　　　　　　　　　　　　　　　　2020　　　　　　　　　　　　年

◤ 中古マンションの成約㎡単価　前年同月比（8月）

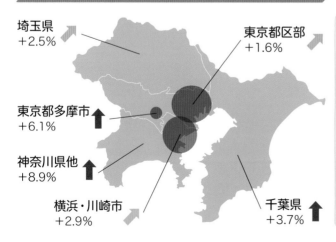

埼玉県
+2.5%

東京都区部
+1.6%

東京都多摩市
+6.1%

神奈川県他
+8.9%

横浜・川崎市
+2.9%

千葉県
+3.7%

成約㎡単価が上がっています。これは新規売り出しの登録件数が減っているのに対して、購入需要は回復傾向だからです。ただし、コロナ前の需要とは異なり、リモートワークが主流になっていくことで都心に近い場所でなく少し離れたベッドタウンの需要が高まってくるのではないかと推察できます。

新型コロナウイルスによる自粛期間中は不動産業界の売り上げも大きく落ちましたが、その後は都市部を中心として不動産物件の需要は回復しています。しかし、今回の件でリモートワークの導入が進んだ関係で、今後は都市部から少し離れたベッドタウンの需要が増えていくと推測できます。それにともなって家賃の高い都市部でのオフィスの需要は少なくなるかもしれません。ネットワーク環境が5Gに完全に移行されると、よりリモートワークが主流になっていくことでしょう。

東京ビジネス地区（千代田・中央・港・新宿・渋谷区）の平均空室率

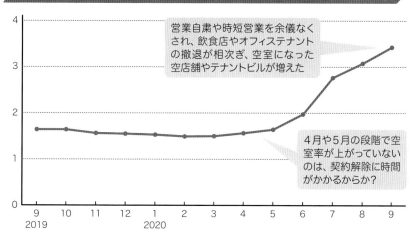

営業自粛や時短営業を余儀なくされ、飲食店やオフィステナントの撤退が相次ぎ、空室になった空店舗やテナントビルが増えた

4月や5月の段階で空室率が上がっていないのは、契約解除に時間がかかるからか？

東証REITオフィス指数の推移

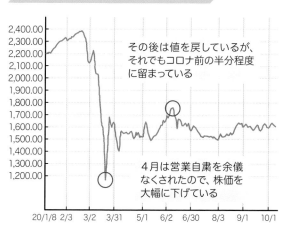

その後は値を戻しているが、それでもコロナ前の半分程度に留まっている

4月は営業自粛を余儀なくされたので、株価を大幅に下げている

東証REIT オフィス指数とは

東京証券取引所に上場している不動産投資信託のオフィス等を中心とした銘柄を対象とした指数のこと

リモートワークなどでわざわざ都心の賃料が高い場所にオフィスを構えなくてもいいとなれば、都市部の一極集中した需要はなくなり、需要は戻らなくなるかもしれません。

IT重説の試験運用を開始

IT重説を行う際の流れ

宅建業者

売買でIT重説を実施する場合には、国交省への事前登録も必要。賃貸の場合は必要ない

お客様

合意ができたら、実施日等を決める。オンラインなので、日程調整の幅を広げることができる

IT重説を実施することへの合意

→

重説の原本作成

→

原本を2部送付

→

(!) IT重説の注意点

- IT重説実施中は録画、録音の必要性がある
- 当事者に重要事項説明書の原本を事前に送付しておく
- 重要事項説明書はPDF等でのメール送付は不可
- オンライン上で本人確認および宅建士の確認を行う
- PCやオンラインの環境が悪い場合はただちに中止する

不動産取引には、宅建業法第35条で重要事項説明（重説）の義務があります。これまで重説は対面で行わなければいけませんでした。しかし、最近では、ITの活用の裾野を広げるために国土交通省がIT重説の試験運用を開始しており、オンラインでの重説が可能となりました。

　新型コロナウイルスの拡大により、リモートワークなどが増え、オンライン通話のハードルが下がったことで、今後ますますこの制度が利用されていくことが期待できます。

オンラインでの重説を実施

IT重説を実施するには、事前に宅建業者とお客様の間で合意が必要です。IT重説は、非接触でも説明が行えるため、遠隔地の方でも宅建業者の事務所に足を運ぶ必要もなく、自宅等で重説を行えます。日程調整も容易です。ただし、重要事項説明書は原本が必要なため、郵送でやりとりします。

原本に記名押印

原本を1部送る

2部届いた原本のうち、1部を宅建業者に送る。1部は控えとして大切に保管しておく

 IT重説のメリット

- 遠隔地の顧客の移動時間や費用等の負担を軽減できる
- 重説実施日の日程調整の幅を広げることができる
- 顧客が自宅等のリラックスした環境下での実施が可能
- 来店が困難な場合でも本人への説明が可能
- 本人が外出できない事情があった場合にも重説が可能

重要事項説明の際に水害ハザードマップの説明を義務化

ハザードマップの種類

水防法に基づく水害ハザードマップ
（重説における説明義務あり）

洪水 ｜ 雨水・出水 ｜ 高潮

水防法に基づかないハザードマップ
（重説における説明義務なし）

津波 ｜ 土砂災害 ｜ 火山 ｜ 地震災害

重要事項説明の際の手順

STEP1
市町村の配布する最新の水害ハザードマップ（水害以外を用意してもいい）を入手する

STEP2
ハザードマップをお客様に提示して、宅地または建物のおおむねの位置を示す

STEP3
対象地に近い避難所がハザードマップのどこにあるかをあわせて示す

2018年7月の九州の豪雨や2019年の台風19号など、最近は甚大な被害をもたらす大規模水災害が頻発しています。このような事態を受けて、2020年8月28日より水防法に基づく水害ハザードマップ（洪水・雨水出水・高潮）の説明が重要事項説明において義務化されました。水害リスクに関する情報は契約締結の意思を決定する上で重要な要素となっています。対象地が最新のハザードマップ上でどのような位置にあるのかをわかりやすく提示しましょう。

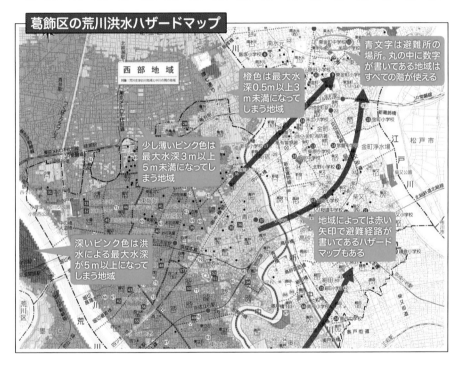

葛飾区の荒川洪水ハザードマップ

西部地域
対象：荒川氾濫区荒川地域と中川流域の周辺地域

橙色は最大水深0.5m以上3m未満になってしまう地域

青文字は避難所の場所。丸の中に数字が書いてある地域はすべての階が使える

少し薄いピンク色は最大水深3m以上5m未満になってしまう地域

深いピンク色は洪水による最大水深が5m以上になってしまう地域

地域によっては赤い矢印で避難経路が書いてあるハザードマップもある

 説明時の注意点

- 浸水想定区域でないからリスクがないとは限らない。お客様に誤認させない
- 対象地域の役所で水害ハザードマップが作成されていない場合はその旨を伝える
- 売買だけでなく交換や賃貸も説明義務あり
- 対象地にかかるすべての河川マップを見せる

重ねるハザードマップ

地図上で複数の防災情報を同時に表示できるハザードマップ。災害が起こった際の避難経路等を確認しやすくなっています。国土交通省のハザードマップポータルサイトからアクセスできます。

本書を利用する際のフローチャート

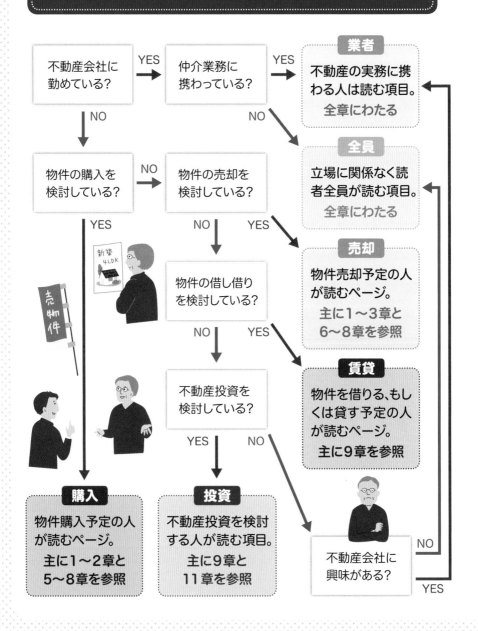

不動産会社に勤めている？ → YES → 仲介業務に携わっている？ → YES →

業者
不動産の実務に携わる人は読む項目。
全章にわたる

不動産会社に勤めている？ → NO ↓

仲介業務に携わっている？ → NO →

全員
立場に関係なく読者全員が読む項目。
全章にわたる

物件の購入を検討している？ → NO → 物件の売却を検討している？

物件の売却を検討している？ → YES →

売却
物件売却予定の人が読むページ。
主に1〜3章と6〜8章を参照

物件の売却を検討している？ → NO ↓

物件の購入を検討している？ → YES ↓

物件の借し借りを検討している？ → YES →

賃貸
物件を借りる、もしくは貸す予定の人が読むページ。
主に9章を参照

物件の借し借りを検討している？ → NO ↓

不動産投資を検討している？ → YES ↓

不動産投資を検討している？ → NO →

不動産会社に興味がある？ → NO →

不動産会社に興味がある？ → YES ↑

購入
物件購入予定の人が読むページ。
主に1〜2章と5〜8章を参照

投資
不動産投資を検討する人が読む項目。
主に9章と11章を参照

新築 4LDK
売物件

本書の使い方・特徴

この項目で最初に
チェックしておく
べきポイント

項目の対象読者。自分がどれに
当てはまるか左ページのフロー
チャートを元に確認しましょう

重要な計算の
公式なので暗
記しましょう

宅建業者が知って
おくべき実践的な
知識を解説

例題を実際に
解いてるので
参考にします

専門用語を詳しく解説!
わかりやすくするため、
例を出していることも

ミニコラム。さらに
踏み込んだ豆知識
を解説しています

書類を確認する
ときの注目ポイン
トを詳しく解説

豊富な図解を使っ
てわかりやすく解
説しています

項目のまとめが入
っているのでおさ
らいしましょう

不動産業界の基礎知識

第2章 集客活動・不動産会社の選び方

第3章 不動産の価格と査定方法

第4章 物件の調査

第5章 不動産の費用と住宅ローン

 第 6 章 **不動産の契約業務について**

 第 7 章 **決済・引き渡し準備**

第**8**章 不動産関連の税金について

第**9**章 不動産賃貸について

第 **10** 章 借地権と借地借家法

第11章 不動産投資の基礎知識

第12章 不動産業界の実践知識

第 **1** 章

不動産業界の基礎知識

不動産には多くの業界が関わっています。その中で、本書で特に取り上げている「宅建業者」はどのような役割を果たしているのでしょうか。まずは、不動産について学ぶうえで欠かせない基礎知識を押さえましょう。

1 不動産業界にはどんな業者がいるのか

不動産業界の成り立ち

マンションデベロッパー
土地を仕入れてマンションを分譲するマンション事業者。開発許可が必要な行為等を行うことから開発業者と言われたりもする。住友不動産、三菱地所レジデンス等

マンション・住宅等が建てられ、流通している流れを見ながら、不動産業界の全体像を見てみましょう。

●不動産流通

一般的に「**宅建業者**」などと呼ばれ、販売・購入・賃貸など不動産の「取引」を行います。本書は、宅建業者の業務内容について詳細に記載しています。

●不動産開発

マンション・住宅建設を企画・開発します。主に**マンションデベロッパー**[*]や**ハウスビルダー**[*]と呼ばれる業者が企画・開発します。

ハウスビルダー
土地を仕入れて住宅を新築分譲する建売業者。開発許可が必要な行為等を行うことから開発業者と言われたりもする。積水ハウス、大和ハウス工業等

●不動産管理

建物管理や賃貸管理などを行う不動産管理業界も、広義では不動産業界に含まれます。

●建設（実際に建物を建てる）

実際に建物を建てる**ゼネコン**[*]等の建設業界は、不動産業界の隣接業界と言えます。ゼネコン等が企画・開発をすることもありますので、広義では不動産業界に含めることもあります。

ゼネコン
各種の建築工事を発注者から一式で受注する総合建設業者。鹿島建設、竹中工務店等

●リフォーム

建物の経年劣化による商品価値の低下をリフォーム等で回復させ、再び不動産流通業界で販売したりします。

不動産業界（広義）

不動産業界（狭義）

不動産開発

土地の情報を仕入れて、その土地にどのような建物を建てるのかを企画する。
土地の情報は地主や法人などが持っているので、そこに営業をして土地の情報を得る。
主にマンションデベロッパーやハウスビルダーと呼ばれる業種がこの業界にあたる

開発

建設

いわゆるゼネコンと呼ばれる業種で、不動産業界の企画を元に実際に建物を建てる。
建物の設計から、実際に建てる段階での施行管理まで行う。
大手ゼネコンは、下請けに建設を依頼することもある

建物完成後

不動産流通

宅建業者と呼ばれ、不動産の売却・購入・賃貸などの取引を行う。取引は「**仲介（媒介）**」「**直売・直買**」「**代理**」の3種類に分類される

本書のメイン

不動産管理

建物全体を管理する**分譲**と家賃や住民トラブルなどを管理する**賃貸管理**に分けられる

建物が
古くなる

再販
ユーザーB

買い取り
ユーザーA

リフォーム

工務店やリフォーム店など建物や部屋のリフォームに携わる業界。
建物の経年劣化の減少や不動産価値を向上させるためリフォームされる

Conclusion

❶ 広義の不動産業界を見ると市場の流れがわかる

❷ 一般的に「不動産会社」と呼ばれているのは狭義の不動産業界

❸ 広義の不動産業界には隣接業界の建設やリフォームも含む

購入　売却　賃貸
投資　全員

街の不動産会社は
宅地建物取引業者

Check Point

✔ 宅建業とは、「宅地」と「建物」の取引を行うこと
✔ 宅建業を営むには宅建業免許（業者免許）が必要

＊宅建業免許
申請先は、「1つの都道府県内に事務所を持つ」場合は都道府県知事、「2つ以上の都道府県に事務所を持つ」場合は国土交通大臣となります。

不動産流通における業務は宅地建物取引業者

　不動産流通における業務は**宅地建物取引業（宅建業）**と呼ばれており、行うには**宅建業免許**が必要になります。本書で取り扱う内容は宅建業がメインとなります。

　宅建業とは、「宅地」と「建物」の売買や交換、仲介などの「取引」を行うことです。

宅建業法第2条2

二　**宅地建物取引業**　宅地若しくは建物（建物の一部を含む。以下同じ。）の売買若しくは交換又は宅地若しくは建物の売買、交換若しくは貸借の代理若しくは媒介をする行為で業として行うものをいう。

　宅建業の具体的な業務内容は次の2つです。

❶自ら宅地建物を売買または交換する
❷他人の宅地建物を売買、交換または賃貸の代理・仲介をする

　注意が必要なのは、宅建業法に記載されている「業として行う」という文言です。たとえ、個人が仲介会社を介して売買を行っていたとしても、それが利益目的で業として行っていれば宅建業にあたるということです。もし、宅建業免許を持たずにこのような不動産売買を行った場合は、宅建業法違反となります。

宅地建物取引業法で規制される取引

	売買	交換	賃貸
自ら	○	○	×
代理・仲介	○	○	○

自分の不動産を自分で借り主を探し、賃貸契約するのは宅建業にはあたらない。

従業員の5人に1人は宅建士

　宅建業を営む会社は、従業員の5人に1人は「宅地建物取引士（宅建士）」の資格を持っている者を常勤で雇う必要があります。宅建業法では、不動産契約の段階で宅建士の独占業務が定められているからです。

❶契約締結前に**重要事項説明**を行う
❷重要事項説明書に記名押印する
❸契約書に記名押印する

　逆にいえば、たとえば不動産会社の営業マンとしてお客様に物件を紹介したりする、賃貸物件の管理を行うなど、宅建士の独占業務以外の業務については、資格がなくても行うことができます。

重要事項説明
不動産の売買や賃貸の契約前に行う説明。契約の判断をするのに重要な事項を宅建士が説明する

 不動産豆知識

宅建士になるには

　宅建士になるには、年に1度行われる宅地建物取引士試験（宅建士試験）に合格しなければいけません。合格後、試験を実施した都道府県の知事に対する資格登録の手続きが必要です。

　資格登録をするには「実務経験を有する者と同等以上の能力を有する」必要があります。実務経験が2年未満の場合は、実務講習を受けることで、この条件を満たすことができます。

　資格登録後、宅地建物取引士証が交付されます。

 Conclusion

❶自ら借り主を探して賃貸契約することは宅建業にあたらない
❷宅建業を営む会社は、従業員の5人に1人は宅建士を雇う必要がある
❸個人でも利益目的の不動産売買は宅建業免許が必要

3 ▶ 宅地建物取引業者②

購入　　　　賃貸
　　　　　　全員

宅建業に含まれる取引、含まれない取引

Check Point

✓ 「宅地」と「建物」の定義を明確にすると、宅建業の対象が理解できる

✓ 宅地は「宅建業法」、建物は「不動産登記法」に定義が書かれている

「宅地」とはどんな土地？

　宅建業が扱う対象は「宅地」と「建物」です。宅地と建物にあたらない場合には宅建業の対象外となるため、それぞれの定義を明確にしておきましょう。

　宅建業法による**「宅地」**の定義は下のとおりです。

> **宅建業法第2条**
>
> **宅地**　建物の敷地に供せられる土地をいい、都市計画法第8条第1項第1号の用途地域内のその他の土地で、道路、公園、河川その他政令で定める公共の用に供する施設の用に供せられているもの以外のものを含むものとする。

表示登記

不動産登記の表題部に不動産を特定する目的で表示される登記。建物新築時は、登記がないため、表示登記をすることで建物登記が記録される

用途地域

都市計画法で定められた市街地の種類ごとに建物の用途等を規制する制度。主に住居系・商業系・工業系の用途地域に分かれる

　つまり、宅地は大きく次の2つの土地と言えます。

❶建物の敷地を目的とした土地

　表示登記[*]が可能な建物を建築するための敷地です。土地の状況は関係なく、その時点で山林であっても建物を建てるために土地を取引した場合は宅地に該当します。

❷用途地域内の土地

　都市計画法で**用途地域**[*]が定められた土地はすべて宅地となります。用途地域内であれば農地の取引も宅地です。

　道路や公園など、国や地方公共団体によって設営されている公共施設は、宅地に該当しません。私立学校の土地は宅地ですが、公立学校は公共施設なので宅地にはならないわけです。

❶農地、採草放牧地および森林

❷道路、公園、河川

❸公共の用に供する施設用地

基本的に宅地にはあたらないが、建物を建てるために取引された場合は宅地になる	道路や公園など国や地方公共団体によって設営されている公共施設は宅地に該当しない	私立の学校の土地は宅地だが、公立の学校の土地は宅地にあたらない

宅地建物取引における「建物」とは？

　実は、宅建業法で「宅地」の定義はされていますが、**「建物」**の定義はされていません。そのため、宅建業における「建物」とは何かを明言することはできません。

　「建物とは何か」を理解するためには、不動産登記法の「表示登記できる建物」の定義が参考になります。**不動産登記法における建物**[*]とは以下の3つを満たす建造物のことです。

❶屋根や壁で雨風が防げる（外気分断性）

❷土地に定着している（定着性）

❸用途や目的の機能を果たせる（用途性）

　ただし、宅建業の実務のうえでは表示登記できない建物が取引される可能性もあります。あくまで「建物」を理解するための参考と考えてください。

> ＊**不動産登記法における建物**
>
> 海の家の場合、1年を通して建造物が建てられている場合は土地に定着しているため建物、夏の営業が終わったら解体される建造物なら建物とは言えません。

Conclusion

❶ 宅地は「建物の敷地を目的とした」または「用途地域内」の土地

❷ 道路や公園などの公共施設の土地は宅地には該当しない

❸ 建物は雨風が防げ、土地に定着し、目的の機能を果たせる建造物

4

仲介は売主・貸主と 買主・借主のつなぎ役

Check Point

☑ 不動産仲介業は売主と買主のつなぎ役
☑ 取引態様の違いにより宅建業者の立場が変わる

売主と買主の両方をサポートする

> **持ち回り契約**
>
> 売主が地方や海外に居住していて、契約に立ち会ったりできない場合、契約書の記名押印を売主が先に行い、その後に（後日）に買主側に記名押印してもらって契約締結することがあります。

　宅建業者が不動産を取引する際の形態は「仲介（媒介）」「直売・直買」「代理」の３種類に分けられます。「仲介」とは、売買なら売主と買主、賃貸なら貸主と借主の間で契約を取りまとめるつなぎ役です。

　仲介をすると仲介手数料を得られますが、売買の場合は「**両手仲介**」か「**片手仲介**」かで手数料が変わります。

●両手仲介

　売主から売却依頼を受けた仲介会社が、自ら買主を見つけて物件を紹介することです。仲介会社が１社しか関わらないため、売主と買主の双方から手数料を受け取れます。

❓ **両手仲介**と**片手仲介**の違いって？

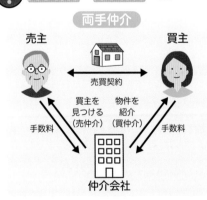

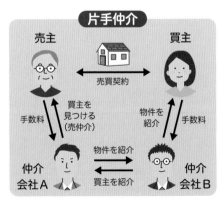

● 片手仲介

　売主と媒介契約した仲介会社が、**レインズ**[*]などで情報を共有し、別の仲介会社から買主を紹介してもらうことです。売主側と買主側で2社の仲介会社が関わり、それぞれ手数料を受けるため、両手仲介に比べると利益が少なくなりますが、全国に物件情報を共有されるため、買主が見つかりやすいというメリットもあります。

仲介手数料には上限がある

　仲介手数料の価格は宅建業法により上限が決められています。それを超えた金額を受け取ってしまうと法律違反になってしまうので注意が必要です。

＊レインズ
31ページ

成約価格

売主が課税業者の場合、成約価格が税込で表示されることがありますが、手数料の上限は消費税を抜いた価格で計算します。土地には消費税がかかりません。税込4,700万円で2,500万円が土地の場合、2,200万円が税込の建物価格で、200万円が消費税です。

仲介手数料の上限

成約価格	仲介手数料
200万円以下の部分	5%
200万円を超え400万円以下の部分	4%
400万円を超えた部分	3%

 計算しよう！

成約価格が400万円を超える場合の上限

（成約価格×3%＋6万円）×消費税率

200万円×（5%－3%）＋200万円×（4%－3%）＝6万円

例題 **成約価格1,500万円**

（1,500万円×3%＋6万円）×1.10＝56万1,000円

➡両手契約の場合は、両方合わせて112万2,000円受け取れる

Conclusion

❶ 取引態様は「仲介（媒介）」「売主・貸主」「代理」の3つに分けられる

❷ 売主・貸主と買主・借主との契約を取りまとめるのが「仲介」

❸ 両手契約の場合、売主と買主の双方から手数料を受け取れる

5

直売・直買は、売主・買主と直接契約する

Check Point

☑ 「物件の囲い込み」を行わない信頼できる担当者に依頼する
☑ 直売・直買は仲介手数料がかからない

 新築マンション
自社で開発した物件を、自社販売する

建売住宅
土地とセットで売られている一戸建て住宅で、すでに完成していたり設計プランだけできた状態

買取再販
離婚で手放す、相続税を支払うために早く売りたい場合など、市場で売りにくい物件を安く買い取り、リフォーム後に再度販売します

直売・直買は仲介手数料が発生しない

　「直売・直買」とは、宅建業者が自ら売主または買主となる取引のことです。宅建業者が買主・売主などと直接契約を結びます。売主や買主の仲介手数料などは発生しません。

　取引が「直売・直買」となるのは、主に**新築マンション**[*]と**建売住宅**です。**買取再販**[*]の場合も取引は「直売」となることがあります。

直売・直買と仲介のメリット・デメリット

　直売・直買は売主・買主の双方にとって手数料がかからないなどメリットもありますが、デメリットもあります。

❓ 直売・直買と仲介の違いって？

直売・直買

売主　買主
売却　売却
契約　契約
不動産会社

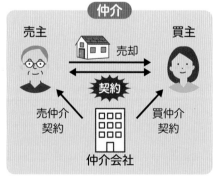

仲介

売主　買主
売却
契約
売仲介契約　買仲介契約
仲介会社

直接不動産のプロである宅建業者とやり取りをするので、経験や知識量の差から不利な形で契約される恐れがあることです。知識が少ない売主・買主には、物件の値段が高いのか安いのか判断できません。

そこで、あえて手数料を支払ってでも仲介会社を入れるという手もあります。不動産のプロである仲介会社が有利になるように交渉してくれるので、不利な条件での契約を防ぐことができます。

売主側にとっては、仲介は**レインズ**を通して広く物件を紹介できるメリットもあります。レインズとは、国土交通省から指定を受けた公益財団法人不動産流通機構が運営しているコンピュータネットワークシステムのことで、会員登録している全国の不動産屋に物件情報を共有できます。

ただし、「**物件の囲い込み**[*]」と呼ばれる行為には要注意。信頼できる会社、担当者に依頼することが大切です。

物件の囲い込み
一部の悪質な企業は、レインズを通して他社から連絡を受けても、「すでに商談中」と断ることがある。両手契約を狙って行われる。
囲い込みをすると買借主が見つかりづらくなるが、売主・買主は囲い込みの事実を知ることができないため、大手仲介会社でもいまだに行われていることがある

レインズの仕組み

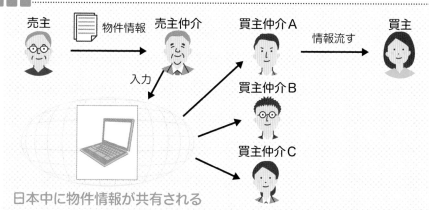

売主 → 物件情報 → 売主仲介 → 買主仲介A → 情報流す → 買主
入力
買主仲介B
買主仲介C
日本中に物件情報が共有される

Conclusion

❶「直売・直買」は、宅建業者が自ら売主または買主となる取引態様

❷物件を購入しリフォーム後再度販売することを買取再販と呼ぶ

❸売主・貸主から預かった物件情報はレインズに登録する

購入 売却 賃貸
投資 全員

6
代理は所有者に代わって不動産を売買する

売主に代わって直接買主と契約する

「代理」とは、所有者から委託を受けた宅建業者が所有者に代わって売買・賃貸する取引のことです。

依頼者が宅建業者へ売買・賃貸の依頼をすること自体は、仲介と同じです。しかし、代理の場合は委任者から委託を受けた代理権限の範囲内で宅建業者が一任で契約締結することができます。売主と同じ立場として契約できるのです。

一方で、仲介の場合は宅建業者の一任で契約を進めることはできません。買主と売主の間を取り持って契約の間に入っているのにすぎないのです。

たとえば、仲介の場合は買主が購入申し込みの意思表示をしたとしても、物件の所有者がその買主には売却したくないと意思表示すると契約できません。

❓ 販売代理と仲介の違いって？

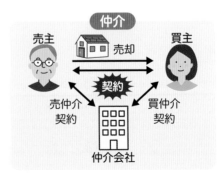

販売代理手数料の上限

　販売代理手数料にも、仲介手数料と同様に宅建業法による上限が定められています。

　ただし、仲介手数料は売主・買主の双方から受け取れる金額の上限が決まっていたのに対して、販売代理手数料は売主と買主の合計金額で上限が決まっています。上限金額は仲介手数料のちょうど2倍です。

　たとえば、売主から販売代理手数料の上限金額を受け取ったとしたら、買主からは代理手数料を受け取れないことになります。

仲介への手数料

販売代理であっても、買主側の仲介を通して契約することがあります。

その際は、販売代理会社から仲介会社に対して手数料を支払うこともあります。仲介会社として販売代理店に携わったときは、手数料について確認しておきましょう。

| 販売代理手数料の上限 ||
成約価格	販売代理手数料
200万円以下の部分	10%
200万円を超え400万円以下の部分	8%
400万円を超えた部分	6%

 計算しよう！

成約価格が400万円を超える場合の上限

売主の手数料＋買主の手数料≦（成約価格×6%＋12万円）×消費税率

200万円×（10%－6%）＋200万円×（8%－6%）＝12万円

例題 **成約価格2,000万円**
売主の手数料 55万円

（2,000万円×6%＋12万円）×1.10＝145万2,000円（合計金額の上限）

145万2,000円－55万0,000円＝90万2,000円

Conclusion

❶ 「代理」は、宅建業者が所有者に代わって売買・賃貸する取引態様

❷ 代理の場合、代理権限の範囲内であれば一任で契約できる

❸ 販売代理手数料の上限は売主と買主の合計金額で決まる

第1章　不動産業界の基礎知識

Column ① 不動産取引に関わる各専門家等

不動産取引では各専門家との連携が重要です。連携が必要な専門家を下記の表にまとめたので参考にしてください。

FP（ファイナンシャル・プランナー）	家族構成や資産状況等からその人に合ったライフプランを提案する専門家。 住宅ローンや火災保険を組む際に適正なアドバイスがもらえる。保険代理店になっている場合は火災保険や地震保険の加入手続きも行ってもらえる
司法書士	住宅ローンを組む際に物件の抵当権設定や所有権移転等の手続きを行う専門家。 相続等の書類も作成してもらえる
土地家屋調査士	建物を新築した際の表示登記や土地を分筆した際の分筆登記等の表示登記の専門家。 表示登記のほか土地の測量や境界標の設置等を行ってもらえる
建築士	建物の設計や工事管理等を行う建物の専門家。 建物プラン作成や建物の修繕等のアドバイスをもらえる
不動産鑑定士	不動産の鑑定評価の専門家。 相続時の遺産分割や裁判所での提出資料として不動産の経済価値と時価を鑑定評価してもらえる
税理士	税申告の専門家。 不動産収入があると申告が必要になるため、確定申告と節税に対して提案してもらえます
弁護士	法律の専門家。 不動産でのトラブルを裁判で解決してもらう際には弁護士に依頼
行政書士	官公庁への書類作成や手続きの専門家。 農地法の許可や開発許可等を代理申請してもらえる。

第2章

集客活動・不動産会社
の選び方

不動産会社の仕事は集客をしないと始まりません。会社を認知してもらう方法、お客様から信頼を得るための心がけについて押さえておきましょう。さらに、この章ではお客様の立場から良い不動産会社や物件を見分ける方法も紹介しています。

▶ 営業活動

お客様から申し込みを受けるまでの流れ

Check Point

☑ 不動産会社もお客様を集めることから仕事がはじまる

☑ 集客後にプロとしての意見をお客様に伝えることが大切

見込み客をつくる きっかけづくり

不動産を購入するお客様は、初めから不動産に興味関心があるわけではありません。たとえば、「毎月賃料よりも、家を購入し毎月住宅ローン返済のほうが負担は少なく、団体信用生命保険が付随しているから保険の見直しもできる」「賃貸と分譲マンションだと設備が違う」など、興味関心を持ってもらえる情報を提供することで、見込み客を増やすきっかけとなります。

＊買付

138ページ

お客様を集め仕事がはじまる

　不動産会社も他の多くの企業と同じく、集客することから仕事がはじまります。まずは見込み客を増やすきっかけづくり＊をするのです。

　不動産会社は、お客様の興味を引いて問い合せを得るためにさまざまな**集客活動**を行っています。たとえば、物件情報を広告したり、自社のホームページを開設して物件情報を掲載するなどして、興味を持ってもらうのです。

　集客活動の結果、問い合せが来たり面談をすることになった場合、プロとしての意見や自分の経験や知識を伝えるのが大切です。

　たとえば、リフォームを行った経験や過去の事例などを話すことで、他の営業担当者と差別化でき、お客様との信頼関係構築につながります。

物件を購入するまでの流れ

集客活動	問い合せ	面談	内覧	購入申込
多くの企業と同じく、集客活動によって見込み客を増やす	問い合せ対応で信頼関係を築き、条件の整理もする	物件案内をして、疑問点も解消する。資金計画を立てる	本当に問題がないかを最終確認してもらう	**買付**＊（購入申込書）を受ける。不動産契約締結までの業務

インターネット	自社ホームページなどに物件情報を掲載して問い合せを得る方法。最近だとSNSで集客している不動産会社もある。日々情報を更新して物件数を掲載していることが大切。見ているユーザーに役立つ情報を掲載しよう
ポスティング	物件情報のチラシをポスト投函して問い合せを得る方法。売却物件を求めるチラシを投函する会社もある。具体的に購入を検討している内容の情報を記載して売却を促すチラシもあるが、嘘の情報を記載していることが多い
現地販売会	売却物件の現地で販売会を実施して集客する方法。ポスティングや新聞折込などで告知する。人通りが多ければ通りすがりで現地販売に興味を持つ人も現れる。現地販売の物件で成約になればいいが、大半は見込み顧客となり条件に合う情報を提供していく
電話営業	投資用不動産を扱っている会社に多い方法。名簿業者から個人情報を購入して電話している会社はいまだに多い。その名簿の情報源は主に投資系のセミナー参加時のアンケートや何かの会員になったときのもの。これらの個人情報が売却され電話営業会社に渡っていく
セミナー	不動産に関する勉強会等を実施して集客していく方法。来場したお客様からアンケートを実施して具体的な悩みなどを聞き、情報提供をしていく
DM（ダイレクトメール）	「ご所有の〇〇マンションを査定してみませんか？今なら高値で売却出来ます」などの内容でDMを送る。不動産業者は謄本を取得してDMを発送する。マンションであれば各部屋ごとに謄本で所有者を調べてDMを発送する。住宅地図を持ちながら歩き回っている人は、空家や空き地等を調べて所在地から謄本を取得して所有者を調べて営業している

Conclusion

❶ 物件の広告掲載によって問い合せが増える

❷ 問い合せから面談や内覧につながり、最終的に契約へ至る

❸ 自分だけしか知らない情報を伝えると他の営業と差別化できる

▶ 問い合せ対応

2

丁寧な対応をすることで相手の信頼を得られる

Check Point

✅ 問い合せの対応次第で、相手がお客様になるかが決まる
✅ 条件を整理して妥協できるポイントを整理する

まずは信頼づくりからはじめる

　広告などの集客活動をすると、電話などで問い合せを受けます。このとき、最も大切なのは丁寧な対応・言葉づかいを心がけること。

　営業担当者の対応ひとつで相手から信頼が得られるかどうかが決まります。相手の信頼を得られたら、買主なら購入理由や予算、売主なら売却理由などニーズを聞き出しましょう。ニーズがわからなければ相手にぴったりの情報を提供することができません。

ニーズヒアリング

買主
- 購入検討理由
- 予算、資金計画等
- エリア等

外せないポイントと妥協できるポイントを整理する

売主
- 売却理由
- 残債
- 所有名義

条件を整理することが大切

残債

住宅ローンの残高のこと。残債が売却価格を上回っていると不足分の持ち出し金が必要なため、ヒアリングする必要がある

　もちろん、ニーズのすべてを満たすのはなかなか難しいのが現実です。そのため、条件を整理し、どうしても外せないポイント（絶対条件等）や妥協できるポイント（そこまで優先しない条件等）を整理しておく必要があります。

　たとえば、買主のニーズがあいまいになっていると、ど

んなに数多くの物件を見ても自分に合う物件を選べません。

　気になった物件の駅距離や価格が60点だったとしても、絶対条件の間取りが80点以上の満足値であれば、トータルで70点近くの点数になり、その物件は「買ったほうが良い」と判断できます。

　条件を整理することで、自分に適した物件を見つけたときにすぐに購入の決断ができるようになるのです。

見込み客をタイプ分けする

　問い合せの対応は、お客様の状況によって変わります。すでに条件が整理できているお客様であればすぐに物件を紹介しても問題ありませんが、そうでないお客様は条件整理が優先となります。問い合せ相手をタイプ分けして、タイプごとに提供する情報を変えていきましょう。

見込み客のタイプ分け	
Aタイプ	条件整理ができて、購入時期等も明確（期日が決まっている）
Bタイプ	条件等の整理ができている、購入時期等は決めていない（あれば購入検討）
Cタイプ	資金計画等予算は決まっているが条件整理ができていない（本人はできていると思っているが、要望が高すぎる。相場感がわかっていない）
Dタイプ	資金計画、条件整理等ができていない

　大切なのは、それぞれのタイプに興味を持ってもらえそうな情報を提供しながら、DタイプからCタイプ、CタイプからBタイプ、Aタイプと条件整理をしてタイプを変えていくこと。タイプに合った情報を提供しなければ、しつこい営業と思われるだけでしょう。

Conclusion

❶ 最も大切なのは丁寧な対応・言葉づかい

❷ 相手のニーズを把握することで、必要な情報を提供できる

❸ 見込み客を4段階にタイプ分けする

▶ 不動産会社の選び方

購入 売却 賃貸 投資 業者

3 良い不動産会社を見極める方法

Check Point
☑ 不動産会社には得意分野と不得意分野がある
☑ 営業担当者の人間性を見極める

良い不動産会社とは？

不動産の売買をする際に良い不動産会社を選ぶためには、次の2点に注目します。

●不動産会社の得意不得意

開発・仲介・販売・管理など不動産会社にはそれぞれ得意な分野、不得意な分野があります。問い合わせる前にどういう会社なのか、主力業務は何かをホームページ等で確認しておきましょう。

たとえばリフォーム業をメインにしている不動産仲介会社は、リフォームの提案力はありますが売買での実務知識があやふやな場合もあります。また、**免許番号の更新回数**も長く営業している目安になります。

免許番号の更新回数

最初の免許取得時は（1）となって、営業6年目の1回目の更新時は（2）となる。（0）はないので、（1）の場合は一度も更新してないことになる

免許番号の更新回数の見方

宅地建物取引業者票	
免許証番号	東京都知事 （2） 第◯◯◯◯号
免許有効期限	平成29年 4月 29日から 令和 4年 4月 29日まで
商号又は名称	株式会社ユー不動産コンサルタン
代表者氏名	脇保雄麻
この事務所に置かれている 専任の宅地建物取引士の氏名	脇保雄麻
主たる事務所の所在地	東京都台東区東上野

事務所の所在地によって、その都道府県の知事から許可を得る必要がある。県をまたぐ場合は国土交通省

免許の更新回数。どれだけ長く営業しているかの目安になる。国土交通省のホームページでも確認できる

免許の有効期間は5年間と定められている。更新回数×5年は営業していることがわかる

●人間性

　営業担当者の人間性を見極めましょう。第一印象、話し方や雰囲気等も大切ですが、<u>こちら側の質問に的確に答えてくれる知識や提案力</u>も重要です。

　印象の良かった営業担当者が、別れた後に駅のホームで偶然電話で話している言葉づかいを聞いて一気に信用がなくなったという話もあります。営業担当者はどこで見られているかわからないものと肝（きも）に銘じておきましょう。

消費者目線の不動産会社を選ぶプロセス

 STEP1：情報収集

会社を調べる	売買体験談
不動産会社に問い合わせる前に主力業務が何かをホームページなどで確認しておく	不動産購入の体験談を調べることで、諸費用や取引の流れ、購入時の注意点などを把握できる

 STEP2：条件整理

購入理由	購入予算
そもそも自分がなぜ物件を契約しようとしているのかを把握し、その理由に順位をつける	自分がいくらまで費用をかけることができるのかを把握する

 STEP3：面談・内覧

物件案内	担当者の信頼性
面談・内覧を通じて、どの物件を契約するかを担当者と一緒に吟味していく	疑問点をぶつけ、担当者がこちらの質問に的確に答えるかを見極める

不動産会社を信頼し、契約を依頼する

 Conclusion

❶ 不動産会社が何をメインにしているかホームページで確認する

❷ 免許の更新回数を営業期間の目安にする

❸ 質問への回答や提案力から営業担当者が信用できるか見極める

4 ▶ 内覧

購入 賃貸 投資

買うとき、借りるとき、内覧前に調べるべきこと

Check Point

✓ お客様は物件を内覧することで本当に問題がないか最終確認ができる
✓ 内覧前に事前にわかる条件は調べておく

内覧前に事前に販売図面などを調べておく

購入を希望する人は希望の条件と合致している物件があれば、物件を内覧（内見）して本当に問題ないかを最終確認します。とはいえ、内覧前に調べられることは調べておきましょう。特に、販売図面（物件概要書）を見ればわかることはしっかり確認しておきます。

グーグルストリートビューなどで、外観や駅からの距離もネットで簡単に調べられます。内覧した後に、駅からの距離が遠い、総戸数が少ないなど事前にわかる条件等に悩むのは時間のムダです。その間に、他の人に申し込まれてしまうこともあります。

内覧前に調べられることは調べて、内覧当日は部屋の状況のチェック*に集中する方が効率的です。記載がない事項は不動産会社の担当者に確認してみましょう。

＊部屋の状況の
チェック
46ページ

販売図面で確認しておくべきこと

特にマンションを検討している人は、販売図面から読み取れることがたくさんあります。

●管理形態

自主管理は所有者同士でマンションの共有部分等を管理するのに対して、委託管理は管理会社がマンションこの共用部分等を管理してくれます。

　共用部を管理するためには、建物維持に必要な日常のメンテナンスや修繕計画等も必要です。

　自主管理の場合、メンテナンス業者手配や修繕計画等を所有者同士で行う必要があるため、住宅ローンの担保評価がきびしくなる銀行もあります。

● **マンション全体で分譲している部屋数**

　修繕積立金はマンションの住人全体で負担するため、<u>部屋数が少ないと１人あたりが負担する積立金が多くなり、費用が足りなくなる可能性もあります。</u>

　一方で、同じ階層にある部屋数が少なければ、それだけ静かな環境で過ごせるというメリットもあります。

● **専有面積**

　部屋の面積の参考になりますが、<u>壁心から測った面積という点に注意が必要です。</u>登記簿面積は壁の内側から測っているので、登記簿面積より大きく記載されます。

　住宅ローン控除などは登記簿面積を基準としているので、販売図面の専有面積が基準を満たしているからといって、これらが適用される保証はありません。

売主は部屋をきれいにしておく

　売主側は、部屋を清掃し、少しでもきれいな状態にしておくと内覧に来た人の印象が良くなります。

　最近では、売り出し中の家やマンションの室内を家具や照明などでモデルルームのように演出する**ホームステージング**[*]が流行っているようです。内覧される物件が少しでも魅力的に見えるように工夫しましょう。

ホームステージング

売却予定の部屋が売れやすくなるように、家具や照明を設置したりカーテンや小物類などを置くことで、部屋をより魅力的に見せる手法

Conclusion

❶ 内覧前は販売図面などから得られる情報は事前に確認しておく

❷ 内覧当日は部屋の状況をチェックすることに集中する

❸ 売主は事前に部屋を少しでもきれいにしておくと印象がいい

販売図面サンプル

昭和56年6月に建築基準法が変わり、新耐震基準が採用された。それ以前に建築された物件だった場合、耐震補強しているかを確認した方がいい

部屋の広さを知るための目安にはなるが、壁心から測った面積である点に注意が必要（43ページ）

80メートルを徒歩1分として計算している。坂や信号によって実際にかかる時間が変わる（83ページ）

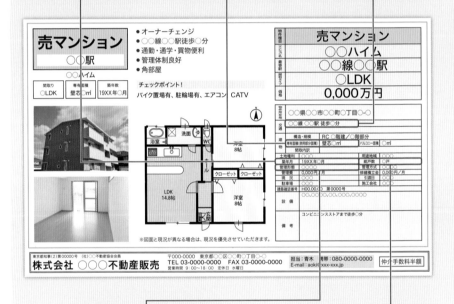

売マンション
○○駅
○○ハイム

間取り	専有面積	築年数
○LDK	壁芯○㎡	19XX年○月

- オーナーチェンジ
- ○○線○○駅徒歩○分
- 通勤・通学・買物便利
- 管理体制良好
- 角部屋

チェックポイント！
バイク置場有、駐輪場有、エアコン CATV

洋室 8帖
クローゼット　クローゼット
LDK 14.8帖
洋室 8帖
浴室
洗面
WC
玄関

※図面と現況が異なる場合は、現況を優先させていただきます。

売マンション
○○ハイム
○○線○○駅
○LDK
0,000万円

物件種目 マンション	最多取引形態 現状タイプ		

所在地	○○県○市○町○丁目○-○
交通	○○線○○駅 徒歩○分

建物	構造・規模	RC造／○階建／○階部分
	専有面積（使用部分面積）壁芯○㎡	バルコニー面積 ○㎡
	間取内訳	

土地権利		用途地域	○○○
築年月	19XX年○月	総戸数	○戸
管理形態	○○○	修繕積立金	0,000円／月
現況	○○○	引渡日	○○○
駐車場	○○○	施工会社	○○○
建築確認番号	H00.00.00 第0000号		

設備	○○○○○、○○、○○○、○○○

備考	コンビニエンスストアまで徒歩○分

東京都知事（2）第00000号（社）○○不動産協会会員
株式会社 ○○○不動産販売
〒000-0000 東京都○区○町○丁目○-○
TEL 03-0000-0000　FAX 03-0000-0000
営業時間 9：00～18：00 定休日 水曜日
担当：青木 携帯：080-0000-0000
E-mail：aoki@xxx-xxx.jp
仲介手数料半額

マンションの共有部分の管理形態。自主管理か委託管理かを確認する。自主管理の場合、住宅ローンの担保評価が厳しくなる銀行もある（43ページ）

マンション全体で分譲している部屋数を把握する。部屋数が少ないと修繕積立金が足りなくなることも（43ページ）

セットバック部分や私道部分を含んだ
面積でないかを確認する。書いてない
場合もあるため、仲介会社に確認する
（80ページ）。
敷地が旗竿地や法地の場合は、土地
の有効面積が減ってしまう

税込の場合は課税業者の
可能性が高い。消費税の
計算に注意（29ページ）

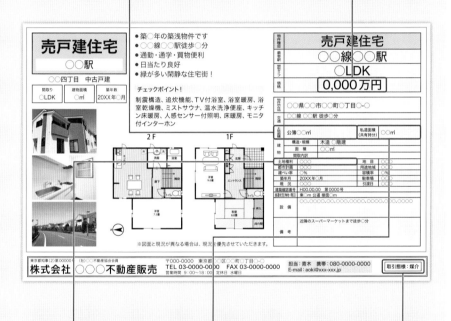

売戸建住宅
〇〇駅

〇〇四丁目　中古戸建

間取り	建物面積	築年数
〇LDK	〇㎡	20XX年〇月

- 築〇年の築浅物件です
- 〇〇線〇〇駅徒歩〇分
- 通勤・通学・買物便利
- 日当たり良好
- 緑が多い閑静な住宅街！

チェックポイント！

制震構造、追炊機能、TV付浴室、浴室暖房、浴
室乾燥機、ミストサウナ、温水洗浄便座、キッチ
ン床暖房、人感センサー付照明、床暖房、モニタ
付インターホン

2F　　　1F

※図面と現況が異なる場合は、現況を優先させていただきます。

売戸建住宅
〇〇線〇〇駅
〇LDK
0,000万円

〇〇県〇〇市〇〇町〇丁目〇-〇
〇〇線　〇〇駅　徒歩〇分

公簿〇〇㎡	私道面積（共有持分）〇〇㎡

構造・規模　木造〇〇建
面積　〇〇㎡
間取内訳

土地権利		地目
都市計画		用途地域
建ぺい率 〇%		容積率 〇%
築年月 20XX年〇月		駐車場
現況		引渡日
建築確認番号 H00.0.00 第0000号		
当該宅地接地 東〇m 公道 幅員〇m		

設備　近隣のスーパーマーケットまで徒歩〇分

備考

東京都知事（2）第00000〇　（社）〇〇不動産協会会員
株式会社 〇〇〇不動産販売
〒000-0000　東京都〇〇区〇〇町〇丁目〇-〇
TEL 03-0000-0000　FAX 03-0000-0000
営業時間 9：00〜18：00　定休日 水曜日

担当：青木　携帯：080-0000-0000
E-mail：aoki@xxx-xxx.jp

取引態様：媒介

所有権か借地権か
確認する。
借地権は土地利用
権利にすぎないた
め、売却するときに
地主に許可をとり、
お金を払う必要が
ある（192ページ）

私道か公道かを確認する。私
道の場合は、持ち分があるか
どうかを確認。
道路幅員の確認をする。幅員
によって建物の容積率の制限
が変わってくる。また、幅員4
m未満だと敷地の道路提供
（セットバック）が必要になる

取引態様とは、不動産会
社が取引をする際の立場
のこと。「仲介（媒介）」（28
ページ）、「売主」（直売の
こと。30ページ）、「代理」
（32ページ）の3種類に分
けられる

☑ 内覧時チェックリスト

☑ 駅からの距離

☑ 近隣環境(学校、スーパー、公園などからの道や距離等を確認)

☑ 用途地域(住居系か商業系かを確認)

☑ 近隣は住宅が多いか、マンションが多いか、工場や商業施設が隣接しているか(工場等が近くにあると、日中にトラックの往来などがあるため、子連れの方は要注意)

☑ 人通りや車通り(多いか少ないかを確認)

☑ 前面道路が一方通行でないか、道路幅員は狭くないか(車を所有していたら自分の車で入ってこれるかを確認)

☑ 過去の同物件や近隣売出し履歴や賃料相場(ネットで確認)

☑ 町会費等

事前確認事項

☑ 管理費と修繕積立金の額

☑ 総戸数

☑ 修繕履歴や修繕積立金の総額(マンション調査報告書がなければわからないが、わかる範囲で担当者から確認)

(内覧時)建物全体等

☑ エントランスの状況、エントランスの雰囲気(整理されているかを確認)

☑ 外観等の修繕状況や建物全体の雰囲気

☑ 共有部、共有施設の確認

☑ 近隣住人、お知らせ看板(騒音トラブルがあるとお知らせ看板に記載があるかを確認)

☑ ゴミ置場は24時間利用可能かどうかを確認

☑ 管理人さんは常駐か巡回かを確認

☑ エレベーターの位置と設置台数等(特に部屋近くにエレベーターがある場合エレベーターの動く音を確認)

(内覧時)お部屋内

☑ バルコニー向き、眺望、採光

☑ 水回り、導線の使い勝手など

✎ **PS位置**

パイプスペースの略。給排水管やガス管等の配管スペースのこと

✎ **境界標**

隣接地との境目のこと。金属プレートやコンクリートブロック等で印が示してある境界標が設置されている

☐ リフォーム状況

☐ 収納の大きさや個数

☐ 部屋の配置や大きさ（お気に入りの家具やベッドを置きたい場合は、部屋の大きさを確認）

☐ PS位置（リノベを考えている方は、PS位置がずらせないので確認）

☐ 上下左右はどういう人が住んでいるか（上の住人の子供の走り回る音が聞こえて騒音ということもあるため、住人にヒアリングできたら確認）

外観等

☐ 接道間口（2m以上接しているかを確認）

☐ 接道道路の幅員（4m以下ならセットバックが必要なため確認）

☐ 境界標はあるか、塀の所有権はどちらか

☐ 擁壁*等はないか（2m超擁壁は建築確認済証の有無確認）

☐ 法地*があるか（図面記載面積と有効宅地面積を確認）

☐ 越境はないか（建物、埋設管、電線等を確認）

☐ 建物全体の修繕状況等や見た雰囲気等

☐ 駐車スペース（自分の車は駐車できるかを確認）

☐ 排水状況（本下水か浄化槽かを確認）
　　　　※浄化槽の場合、合併浄化槽か単独浄化槽かで年間のメンテナンス費用も変わる

☐ 都市ガスかプロパンガスか（プロパンの場合、給湯器がガス会社所有だったりガス会社変更ができない場合もあるので確認）

☐ 水道管引き込み状況（メーターが13mmの場合、建物規模によって水圧が低い場合が出てくるため確認）

☐ 本下水供給エリアでも浄化槽を利用している場合、負担金等がかかる場合があるので確認

室内

☐ 水回り、導線の使い勝手

☐ リフォーム状況

☐ 収納の大きさや個数

☐ 部屋の配置や大きさ（お気に入りの家具やベッドを置きたい場合は、部屋の大きさを確認）

擁壁（ようへき）

敷地と道路や隣接地に高低差があるときの土留めとなる壁のこと。高さ2メートル以上ある擁壁の場合、建築確認が必要となる

法地（のりち）

傾斜地のこと。敷地が傾斜地の場合、建物を建てられないため、敷地面積に傾斜地部分が含まれている場合は、有効宅地面積を確認する

Column 2

物件の紹介のみが宅建業者の仕事ではない

　　いまやコンビニの数より不動産仲介会社の数のほうが多い状況です。競合が多い中でどうやって契約してもらおうかという視点で業務に携わっている者も多いように感じます。2018年には不正融資で投資用不動産の売買が問題になりました。

　　宅建業者はただ物件を紹介すればいいわけではありません。物件の紹介だけであれば、いずれ人ではなくAIがやってくれるようになるでしょう。

　　しかし、紹介された物件が依頼者にとってベストな選択肢かどうかアドバイスをするには人の力が必要です。

　　不動産取引には幅広い知識と経験が必要です。今後は、「どの会社」に相談し依頼するかよりも、「誰」に相談して依頼するかが大切になります。依頼者側にとってもいつでも相談できるような担当者を味方につけておくことが大切です。

　　宅建業者は、信頼できるパートナーとして依頼者から相談されるためにも、実務経験を積むことはもちろん大事です。ただ、それ以上に幅広い知識をアップデートしていくことが重要でしょう。

　　宅建士・建築士・不動産鑑定士での実務経験5年以上で取得できる（公認）不動産コンサルティングマスターという資格があります。

　　不動産に関する幅広い知識を有し、不動産取得や処分、適正な管理や有効活用等のコンサルティング業務に必要な知識や技量等を有していると認定された資格です。

　　不動産コンサルティング業務は、不動産の相談等に対し依頼者が最善の選択や意思決定ができるように企画や提案等を行って必要な場合に各専門家と連携し業務を進行します。

　　幅広い知識を身につけるためにも、資格取得に向けて勉強してみてはいかがでしょうか。

第3章

不動産の価格と査定方法

不動産を売却するときに気になるのが価格ですが、価格を知るためには査定方法を知る必要があります。実際に売却予定の方は価格の参考になりますし、不動産業者の方は業務で使う査定の計算方法を押さえておきましょう。

▶ 査定①

売却 賃貸
　　　業者

査定価格は
あくまで参考にすぎない

☑ 不動産は個別的要因で価格が大きく変わる
☑ 評価額の計算は根拠が必要

不動産の価格を知るためには、まずは査定から

市況
不動産が売買される市場の景気・状況

市場性
いつでも不動産を売ったり買ったりできるか、要するに需要があるかどうかということ

　不動産を売却する際、気になるのがその価格です。**不動産価格は市況*や市場性*だけでなく、個別的要因によって大きく左右されます。**不動産は同じものが存在しないからです。同じエリアの不動産でも、土地の地型等によって価格が変わります。特に、中古の不動産流通価格には定価が存在しません。

　そのため、不動産を売却したいときには、まずは査定価格を知ることです。不動産会社も無料で査定書を作成してくれますが、売却の媒介契約を取得することが目的となっているため、どうしても作成者の主観が入ってしまいがちです。そのため、価格の妥当性を判断する無料のAIツール*の活用をおすすめします。

無料AIツール
https://self-in.com/you

査定システムを利用して査定する

　不動産会社は査定システムを利用して査定書を作成しています。取引事例を数件ピックアップして対象不動産の査定価格を自動的に算出するシステムです。

東京カンテイ
会員制の不動産データ会社。不動産が適正価格で流通されることを目指している

　独自に査定システムを開発している会社もありますが、大手不動産会社の多くは「**東京カンテイ***」の査定システムを使っているようです。それにもかかわらず、ネットの一括査定では各社の査定額に違いが出ます。これは、ピック

アップする事例と作成する担当者の主観で補正率が変わるからです。

　重要なのは、不動産会社が作成する査定価格は、あくまでも参考価格でしかないということ。査定した価格で成約される保証や、その会社が取引してくれる保証はありません。金額を高く評価してくれる査定書に目が行きがちですが、その金額の査定額になっている根拠が納得いくものかどうかや実際の事例を確認するべきです。

査定書冒頭サンプル

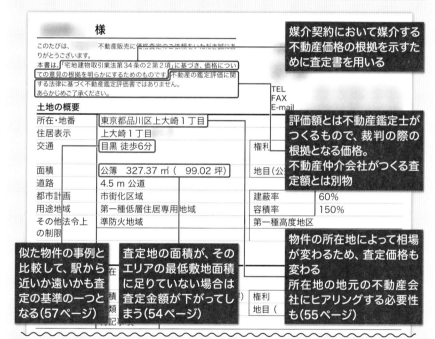

媒介契約において媒介する不動産価格の根拠を示すために査定書を用いる

評価額とは不動産鑑定士がつくるもので、裁判の際の根拠となる価格。
不動産仲介会社がつくる査定額とは別物

似た物件の事例と比較して、駅から近いか遠いかも査定の基準の一つとなる（57ページ）

査定地の面積が、そのエリアの最低敷地面積に足りていない場合は査定金額が下がってしまう（54ページ）

物件の所在地によって相場が変わるため、査定価格も変わる
所在地の地元の不動産会社にヒアリングする必要性も（55ページ）

このたびは、　　　　　不動産販売に価格査定のご依頼をいただき誠にありがとうございます。
本書は、「宅地建物取引業法第34条の2第2項」に基づき、価格についての意見の根拠を明らかにするためのものです。不動産の鑑定評価に関する法律に基づく不動産鑑定評価書ではありません。
あらかじめご了承ください。

TEL
FAX
E-mail

土地の概要

所在・地番	東京都品川区上大崎1丁目
住居表示	上大崎1丁目	権利
交通	目黒 徒歩6分
面積	公簿　327.37 ㎡（　99.02 坪）	地目(公
道路	4.5 m 公道	建蔽率	60%
都市計画	市街化区域	容積率	150%
用途地域	第一種低層住居専用地域	第一種高度地区
その他法令上の制限	準防火地域

権利
地目（

Conclusion

❶ 一括査定サイトを利用すると大手仲介会社が無料査定してくれる

❷ 査定価格はあくまで参考価格にすぎない

❸ 不動産鑑定評価と不動産査定価格は別物

売主から確認するべきポイント

Check Point

✅ 評価ポイントの確認のために、売主からのヒアリングが大切
✅ 書類をきちんと保存してあるかも確認ポイント

ヒアリングしなければわからないことも多い

> ＊評価ポイント
> 53ページ

不動産会社が売却不動産を査定する際には、**評価ポイント**＊を確認するため、売主からヒアリングすることも必要です。ヒアリングで確認するべき点は主に３つあります。

①物件の基本情報

書面でわかりますが、売主の認識と相違がないか改めて確認しておきます。

②各書類等の保存状況

たとえば、新築時の設計図書等が保存してあるかどうかは、売主に確認しなければわかりません。保存してあればプラスの査定になることもあります。

③物件の状況

> 🖊 **修繕履歴**
> 補修や修繕、リフォームなどの実施時期や内容を記録したもの

建物の**修繕履歴**＊や増改築履歴、雨漏りの不具合や近隣環境等をヒアリングする必要があります。

修繕履歴は売主から聞き出すだけでなく、工事の内容や工事時期がわかる書類を確認する必要もあります。たとえば、販売図面にリフォーム済みであることをアピールする際は、リフォームした年と箇所を明記しなければ広告規制に引っかかってしまいます。もし、売主の言葉をうのみにして間違った情報を掲載してしまうと、仲介会社が損害賠償責任を受ける可能性もあります。書面で正しい情報を確認しましょう。

ヒアリング時のチェック事項

①物件の基本情報
☐ 物件所在
☐ 建物構造
☐ 延べ床面積、敷地面積
☐ 築年数等
☐ 所有者
☐ 売却理由

②各種書類等の保存状況
☐ 新築時の設計図書、検査済証
☐ 建物状況調査報告書*
☐ 耐震基準適合証明書*
☐ 住宅性能評価*
☐ 新築時の既存住宅売買瑕疵保険等
☐ 安心R住宅*
☐ いえかるて等の住宅履歴情報*

③物件の状況		
☐ 修繕履歴	☐ 増改築履歴	☐ 雨漏り不具合等
☐ 近隣申し合わせ事項	☐ 覚書の締結有無	☐ 通行地役権等の設定有無
☐ 送電線等上空の地役権の設定有無	☐ 近隣環境等	☐ 告知事項等

建物状況調査報告書
国土交通省の基準に沿って行う既存住宅の調査記録

耐震基準適合証明書
耐震性が現在の建築基準法に適合していることを証明する書類

住宅性能評価
住宅の性能を公平な立場で評価し、結果を示した書面。品確法で定められている

安心R住宅
中古住宅のマイナスイメージを払拭するために国土交通省がつくった基準

住宅履歴情報
住宅がどのようなつくりで、どのような性能があるかなどを記録したもの

 不動産豆知識

売却理由を確認する理由

　売主には売却理由について聞いておきましょう。その理由によって物件の売り出し方も変わるので、予測された成約価格も変わってきます。

　事情があってなるべく早期に売却したいと考えている人もいれば、ゆっくり時間をかけてでも好条件で売却したい人もいるからです。

　売り出し方が変わるので、まずは売却理由を知ることが大切です。

Conclusion

❶ 売却理由によって売り出し方が変わるため、査定価格も変わる

❷ 建物の修繕をいつ行ったかヒアリングする

❸ 修繕履歴はヒアリングだけではなく書類の確認も行う

第 **3** 章 不動産の価格と査定方法

机上査定と訪問査定の違い

Check Point

✅ 売却を前提とするなら売主のヒアリングをうのみにするのは危険
✅ 訪問調査では価格を左右する事項を見落とさずにチェックする

売却前提の場合は現地査定が必須

　査定方法には大まかに２つのパターンがあります。一つは現地等を確認しないで書類等だけで算出する机上査定、もう１つは現地を調査して算出する訪問査定です。

● 机上査定

　市況や市場性と対象不動産の規模等を机上で勘案して査定するのが机上査定です。地域によって条例が異なるため、査定対象の地域の条例もネットなどで確認しておきましょう。たとえば、**最低敷地面積**が30坪必要なエリアで、査定対象地の敷地面積が20坪しかない場合は建物が建てられないため、査定価格が下がります。

● 訪問査定

　訪問査定は、現地訪問を行い、個別的要因も勘案して価格査定を行うことです。机上査定では高い査定金額だったにもかかわらず、現地確認後にマイナス要因が見つかれば査定金額が下がってしまう可能性もあります。たとえば、近隣で高い建物への建て替えなどが行われていると、眺望や採光等の条件が変わってしまうため、査定額がマイナスになってしまう、などです。

　査定の段階でどこまで調査するか迷うところですが、売却を前提とした査定であれば依頼者からのヒアリングだけをうのみにせず、必ず現地での照合等や調査をしましょう。

✏️ **最低敷地面積**
建築物を建てられる最低限度の敷地面積で地域ごとに変わる。小規模な敷地の増加による市街地の建て詰まりを防ぐ目的がある

訪問調査でのチェック事項 ⋯⋯⋯⋯⋯⋯⋯⋯⋯⋯⋯⋯⋯⋯⋯⋯⋯⋯⋯⋯⋯⋯⋯⋯

☐ 建物経年劣化等	メンテナンスの必要性等を価格に加味する
☑ セットバック、すみ切りの必要性	セットバック等が必要な場合は、対象地面積が減る
☑ 擁壁	2m以上の擁壁は建築確認が必要である
☑ がけ地、法地	がけ地や法地は有効宅地面積にはならない。仮に敷地面積が100坪あっても半分が法地であれば有効宅地部分は50坪しかない
☐ 未接道	未接道だとその土地に建て替えができないため、価値が下がる。訪問調査を行えば、未接道か否かは大体把握できる。もし、未接道の可能性があれば、道路調査を行う
☐ 敷地延長、地形が悪い敷地	敷地面積が広くても、そのすべてに建物が建てられるわけではない。有効宅地面積がどの程度かを調べる
☐ 車両の交通量、車両入って来れない場所等	車両による騒音がどの程度か、不便な一方通行の道路がないか等を調べる
☐ 近隣環境（駅、生活施設、嫌悪施設等）	駅までの道が坂道だらけか、近所のスーパーが閉店していないかなどを調べる
☐ 眺望、採光等	近隣で建て替え等が行われると眺望や採光が変わる。建て替えを知らせる看板があるだけでも不動産の価値は変わる
☐ 市場流動性	市場流動性とは、その物件が市場で出回ったときに取引されやすいかどうか。似たような物件がどの程度の価格で成約されるかという相場を調べることでわかる。 相場は地元の不動産会社が把握しているため、ヒアリング調査を行う。賃料の相場がわかればそのエリアの住居層が見えてくる。不動産会社の店頭広告なども参考になる

第3章 不動産の価格と査定方法

Conclusion

❶ 売却を前提とするなら訪問調査が必要

❷ ネットなどで地域の法令等の調査は確認できる

❸ 建て替えの状況等、現地に行かないとわからないこともある

査定をするときの
３つの計算方法

✓ 査定の計算法は物件ごとに変わる

✓ 場合によっては計算法を併用することもある

不動産価格の３つの査定方法

* 取引事例比較法
57ページ

* 収益還元法
60ページ

* 原価法
61ページ

　不動産の価格を査定する際は、査定する物件によって計算を変える必要があります。査定法の特性を理解して、物件ごとに最適な査定方法を選択する必要があります。

❶取引事例比較法……マンション・土地の査定

❷収益還元法……収益物件の査定

❸原価法……一戸建て物件の査定をしたい場合

査定方法を併用することも

　査定する対象不動産の特性によっては、上記３つの計算方法を併用することもあります。

　たとえば、賃貸中のマンション（オーナーチェンジ）の場合は、収益還元法と取引事例比較法を併用します。

　また、築年数は経過しているが建物価値が残っているという場合は、原価法と取引事例比較法を併用します。

Conclusion

❶ 過去の類似した事例と比較して補正するのが取引事例比較法

❷ 収益還元法はあくまで「収益性」のみを基準とした計算法

❸ 原価法では建物価格のみ求められる

✿ 計算法①取引事例比較法 ✿

計算方法	査定対象の不動産（査定地）と類似している過去の不動産（事例地）をピックアップして、査定地と事例地を比較しながら査定を行う
対象	対象となる不動産の近くで似たような取引が行われる物件（マンションや土地など）
根拠	不動産流通推進センターが作成した価格査定マニュアルやそれに準じたものを用いながら評点をつけていく

取引事例比較法の公式

58ページ参照

査定をする物件の面積

$$\text{事例物件の単価} \times \frac{\text{査定物件の評点}}{\text{事例物件の評点}} \times \text{査定物件の面積} \times \text{流動性比率} = \boxed{\text{価格}}$$

比較する事例物件の1㎡あたりの単価

査定価格が市場の売れ筋物件の価格帯を大きく逸脱していないか、物件が売れやすい地域かどうかを担当者が判断して価格の調整を行う。標準値を1.00とし、0.85%～1.10の範囲内で比率を出す

計算しよう！

例題　事例物件単価50万円／㎡　　査定物件の面積　40㎡
　　　査定物件の評点10点　　　　流動性比率　　　1.05
　　　事例物件の評点16点

$$50\text{万円} \times \left(\frac{10\text{点}}{16\text{点}}\right) \times 40㎡ \times 1.05 = 1,312\text{万}5,000\text{円}$$

第3章　不動産の価格と査定方法

☀ 評点とは ☀

根拠	不動産流通推進センターなど各機関が定める価格査定マニュアル

計算方法	価格査定マニュアルの評点表（例：下図）を元に各項目の評点を割り出し、査定物件の合計評点（例：右図）を求める

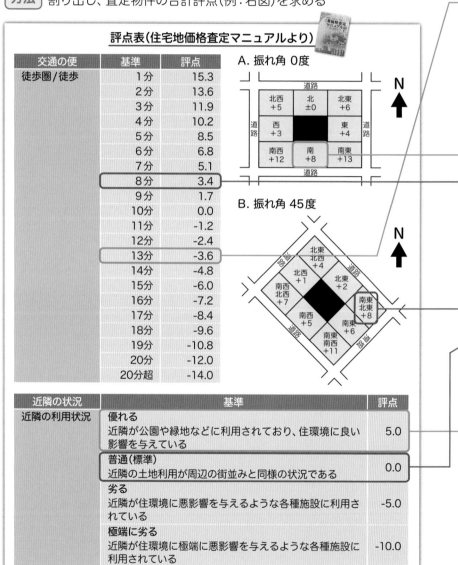

評点表（住宅地価格査定マニュアルより）

交通の便	基準	評点
徒歩圏/徒歩	1分	15.3
	2分	13.6
	3分	11.9
	4分	10.2
	5分	8.5
	6分	6.8
	7分	5.1
	8分	3.4
	9分	1.7
	10分	0.0
	11分	-1.2
	12分	-2.4
	13分	-3.6
	14分	-4.8
	15分	-6.0
	16分	-7.2
	17分	-8.4
	18分	-9.6
	19分	-10.8
	20分	-12.0
	20分超	-14.0

A. 振れ角 0度

	道路	
北西 +5	北 ±0	北東 +6
西 +3	■	東 +4
南西 +12	南 +8	南東 +13

道路（左）、道路（右）、道路（下）

N

B. 振れ角 45度

	北東 北西 +4		
北西 +1		北東 +2	
南西 北西 +7	■		南東 北東 +8
	南西 +5	南東 +6	
	南東 南西 +11		

道路

N

近隣の状況	基準	評点
近隣の利用状況	優れる 近隣が公園や緑地などに利用されており、住環境に良い影響を与えている	5.0
	普通（標準） 近隣の土地利用が周辺の街並みと同様の状況である	0.0
	劣る 近隣が住環境に悪影響を与えるような各種施設に利用されている	-5.0
	極端に劣る 近隣が住環境に極端に悪影響を与えるような各種施設に利用されている	-10.0

●査定条件表（土地）の例

項目名		査定地情報	評点	事例地情報	評点
1．交通の便		小計	-3.6	小計	3.4
主たる移動手段		鉄道・バス			
徒歩圏・バス圏		徒歩圏			
徒歩	徒歩分	13分	-3.6	8分	3.4
バス圏	バス分				
	バス停までの徒歩分				
	バス運行頻度				
2．近隣の状況		小計	10.0	小計	3.0
店舗への距離		徒歩10分以内にあり	0.0	徒歩10分以内にあり	0.0
公共施設の利便性		普通	0.0	普通	0.0
街並み		優れる	5.0	やや優れる	3.0
近隣の利用の状況		優れる	5.0	普通	0.0
3．環境		小計	2.5	小計	3.0
騒音・振動		ややあり	-3.0	なし	0.0
日照・採光等		やや優れる	2.5	普通	0.0
眺望・景観		優れる	3.0	優れる	3.0
4．供給処理施設		小計	0.0	小計	0.0
排水施設		公共下水・集中処理	0.0	公共下水・集中処理	0.0
ガス施設		引込済・引込容易	0.0	引込済・引込容易	0.0
5．街路状況		小計	16.0	小計	11.0
方位		振れ角0度：一方道路：南	8.0	振れ角45度：角度：南東・北東	8.0
幅員		6m以上	5.0	4m以上5m未満	0.0
路面の状況		良い	0.0	良い	0.0
周辺街路の整備・配置		計画的で整然	3.0	計画的で整然	3.0
公道・私道の別		公道に面する住宅地	0.0	公道に面する住宅地	0.0
6．画地の状況		小計	0.0	小計	-2.0
間口		9.0m	0.0	8.0m	-2.0
形状		整形	0.0	整形	0.0
7．その他の画地の状況		小計	0.0	小計	0.0
路地状敷地		該当しない	0.0	該当しない	0.0
路地状部分の奥行					
路地状部分の面積					
崖地・法地		含まない	0.0	含まない	0.0
崖地・法地部分の面積					
利用可否					
崖地・法地方位					
都市計画道路予定地		影響なし	0.0	影響なし	0.0
高圧線下地			0.0		0.0
該当部分の面積					
該当部分の減価率					
前面道路との高低差		支障なし	0.0	支障なし	0.0
		査定物件の合計評点	24.9	事例物件の合計評点	18.4

第3章　不動産の価格と査定方法

✿ 計算法②収益還元法 ✿

| 計算方法 | 年間の収入を利回りで割り戻して価格を算出する |

| 対象 | 収益物件（賃貸用不動産や事業用不動産） |

| 根拠 | 収益性のみを根拠とする。想定する利回り次第 |

収益還元法の公式

> 1年間で入ってくる家賃収入

$$家賃収入 ÷ 想定利回り = 価格$$

> 投資した金額に対する想定収益の割合を1年あたりの平均に直した数値のこと。たとえば、1000万円の物件を購入し、1年間で80万円の収益をあげられると予想した場合、利回りは80万円÷1000万円＝8％となる

計算しよう！

例題 **利回り8％　家賃収入　80万円**

80万円 ÷ 8％＝1,000万円（価格）

💡 **不動産豆知識**

利回り・家賃収入・価格の関係

　不動産投資をする場合は、下記の公式も覚えておくと便利です。不動産投資物件の価格は、利回りの数字を少しいじることで簡単に変わることがわかるからです。

　悪意のある営業であれば、収支シミュレーションでの想定賃料を高く設定して利回りを高く見せようとしてくるので、注意しましょう。

公式
利回り＝家賃収入÷価格
家賃収入＝価格×利回り

✿ 計算方法③原価法 ✿

計算方法　対象不動産建物を現在取得したらいくらかを割り出し、そこから現在時点の減価修正を行って価格を算出する手法

対象　建物価格（一戸建て物件など）
取引事例比較法を用いて算出された土地価格との合計が査定価格になる

根拠　国税庁のデータ等
（建物の標準的な建築価格表・耐用年数表など）

原価法の公式

国税庁の「建物の標準的な建築価格表」参照
（年度によってデータが変わるため、上記キーワードで検索する）

建物が建ってから経過した年数

$$建築単価 \times 延床面積 \times \left(1 - \frac{経過年数}{耐用年数}\right) = 建物価格$$

建物各階の床面積の合計

国税庁の「耐用年数表」参照
●木造：22年　●鉄骨：30年（軽量鉄骨：18年）　●RC：47年

計算しよう！

例題
建築単価　13万1,700円/㎡（築平成2年　木造建築）
延床面積　110㎡
経過年数　12年
耐用年数　22年（木造建築）

$$13万1,700円 \times 110㎡ \times \left(1 - \frac{12年}{22年}\right) = 658万5,000円$$

不動産の価格は 5種類に分類できる

Check Point

✓ 不動産価格は一物五価と呼ばれている
✓ 5種類の価格ごとに発表される機関や特性が違う

不動産価格の特性を理解しよう

公示
公の機関が一般の人に向けて公表すること

標準地
土地鑑定委員会が自然的および社会的条件から見て類似の利用価値を有すると認められる地域において、土地の利用状況・環境等が通常と認められた土地

土地総合情報システム
https://www.land.mlit.go.jp/webland/

　不動産価格は**一物五価**と呼ばれており（一般的に公示価格と基準地価格を合わせて一物四価と呼ばれることも）、不動産価格査定を行ううえで参考にされます。

　5種類の中で、案件ごとに必要となる価格が異なるので、それぞれの価格の特性を理解しましょう。

●公示価格

　国土交通省が地価公示法に基づいて**公示**[*]する**標準地**[*]の価格です。地域相場を把握するのに利用できますが、土地ごとの個別的要因は反映されていません。公示地価は国土交通省の「土地総合情報システム[*]」で確認できます。

●基準地価格

　都道府県が発表するもので、公示価格と同様に地域相場を把握するうえでの参考になります。基準日が公示価格などとは異なります。

●路線価

　国税庁が発表する道路に面する宅地1㎡あたりの土地評価額のことです。公示価格の80％が水準と言われています。

　相続税・贈与税の算定する基準や、金融機関が不動産担保をする際に用いる価格になるなど、重要なものです。

　国税庁のサイトにある「財産評価基準書　路線価図・評価倍率表[*]」で路線価を確認できます。

財産評価基準書 路線価図・評価倍率表
http://www.rosenka.nta.go.jp

● 固定資産税評価額

市区町村が算定する固定資産税と都市計画税（合わせて固都税と呼ぶ）を支払う際に基準となる価格です。３年に１度評価替えが行われます。評価替え前年の公示価格の80％が水準と言われています。

評価額は毎年、春頃に不動産所有者に送付される「納税通知書」もしくは市区町村役場の窓口で取得できる「評価証明書」で確認できます。不動産の購入時の登録免許税や不動産取得税の算定基準にもなるため、資金計画を行ううえで把握しておくべき価格です。

● 実勢価格

実際に不動産が取引される際に、いくらで売却できるかを評価した時価のことです。土地や建物の状況はもちろん、心理的瑕疵や債務整理などの個別事情もすべて考慮する必要があります。

固都税

市町村から届く納税通知書に固定資産税と都市計画税が一緒に記載されているため、合わせて固都税と呼ぶ

第**3**章
不動産の価格と査定方法

一物五価の特徴

	公表主体	公表時期	基準日	目的
公示価格	国土交通省	毎年３月頃	1月1日	土地取引の指標
基準地価格	都道府県	毎年９月頃	7月1日	土地取引の指標
路線価	国税庁	毎年７月頃	1月1日	相続税の算出 公示価格の80％
固定資産税評価	市町村	4月頃（3年ごと）	1月1日	固都税の算出 公示価格の70％
実勢価格	レインズ 国土交通省	登録されれば	取引都度 所有権移転日	実際の売買価格 取引の透明化

Conclusion

❶ ５つの価格はそれぞれ公表主体や目的が異なる

❷ 公示価格と基準地価格は目的は同じだが公表主体と基準日が異なる

❸ 固定資産税評価額は納税通知書で確認できる

路線価から
土地価格を求める

　査定価格を算出するのに路線価や公示地価等を参照するため、不動産取引に携わる者は路線価から対象となる宅地価格を求める基本的な方法を知る必要があります。

 計算しよう！

例題 間口約10m、奥行約10mの約100㎡の敷地
路線価格は47万円／㎡

簡易的な計算法

47万円×100㎡＝4,700万円

補正率を加味した計算法

47万円×奥行補正率0.99×100㎡＝4,653万円

＊奥行補正率
普通商業・併用住宅地区
奥行距離が10m以上12m未満の場合 0.99
https://www.nta.go.jp/law/tsutatsu/kihon/sisan/hyoka_new/02/07.htm

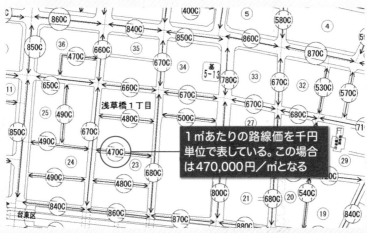

1㎡あたりの路線価を千円単位で表している。この場合は470,000円／㎡となる

https://www.rosenka.nta.go.jp/

第4章

物件の調査

不動産取引をする際は、物件の状態を確かめるために必ず調査を行います。この調査に不備があると取引後のトラブルにつながります。現地や法務局、役所などに何度も足を運んで、細かい確認を怠らないことが大切です。

▶ 情報整理

物件調査を
効率的にこなすには

Check Point

✓ 不動産取引の際に宅建業者は必ず物件調査を行う
✓ ネット上で事前に調べておくと効率が良い

謄本

登記事項証明書（登記簿謄本）のこと。法務局に備えられてある不動産の大きさや構造等また所有者や権利関係が記載されている登記簿のこと。現在はコンピューター化後に登記されたものであればネットでも取得

**登録情報
提供サービス**

https://www1.touki.or.jp

**登記情報
提供サービス**

サービスを利用するには登録が必要です。登記情報を本取得するのには手数料がかかります。また、住宅ローンの本審査では登記事項証明書が必要となりますが、ネットで取得した謄本では受け付けてもらえないため、必ず法務局で取得した謄本（登記事項証明書）を提出しましょう。

情報を整理することからはじめる

　不動産の取引をする際に、宅建業者は必ず物件調査を行います。調査の順番に正解はありませんが、まずは**物件情報を整理することからはじめる**のをおすすめします。

　現地調査の対象の不動産は必ずしも売主の自宅ではありません。相続等で所有した物件の場合など、売主自身が現地に一度も行ったことのない不動産売却の依頼を受けることもあります。売主へのヒアリングだけでは住所がわからずに現地に辿りつけないことがありますので、必ず住所を特定してから現地に足を運ぶようにしましょう。

必要であれば何度も足を運ぶ

　ネット上で調べられることは調べてから現地に行くほうが効率的です。**謄本**をネットで取得した後で売主にヒアリング調査を行い、現地で事前調査の情報と一致しているか照合調査を行いましょう。

　現地調査の際には近隣環境等の調査（82ページ）も合わせて行い、その後に役所等を回って調査していきます（100ページ）。必要であれば、再度現地に戻って調査を行いましょう。**各役所等と現地を何度も往復して細かい確認をすることが大切です。**この手間を省くと、ミスや見落としが出てトラブルを招いてしまいます。

STEP1 ：物件の情報を整理する

情報整理（66ページ）

- ネットから謄本の取得
- 住所の特定　など

STEP2 ：売主からのヒアリング調査・書類確認

ヒアリング（53, 68ページ）

- 売主本人確認
- 対象不動産の状況等
- 近隣の申し合わせ事項等
- 売却理由　など

書類確認（53, 68ページ）

- 委任状
- 登記識別情報
- 住民票
- 測量図　など

STEP3 ：現地での照合調査、近隣環境等の調査

現地調査（70〜83ページ）

- 住宅地図、公簿等と現地照合
- 隣地境界、越境等
- 道路接道状況　など

近隣環境の調査（78, 82ページ）

- ライフラインの埋設状況
- 自治会、ゴミ置場
- 近隣嫌悪施設
  間口建物の状況　など

STEP4 ：法務局、役所等の調査

法務局の調査（84〜99ページ）

- 登記簿謄本、評価証明書取得
- 権利関係
- 面積等の相違　など

役所の調査（100〜107ページ）

- 対象地の都市計画法
- 建築基準法
- 用途地域・市街化区域
- ライフラインの埋設状況
- 建ぺい率・容積率　など

STEP5 ：再度、現地での照合調査

Conclusion

❶ まずは物件情報の整理から調査をはじめる

❷ 必ず住所を特定してから現地に足を運ぶ

❸ 必要性があれば、手間を惜しまずに何度も現地に足を運ぶ

第**4**章

物件の調査

2

売主からのヒアリングでトラブルを避ける

Check Point

☑ ヒアリングで売主しか知らない情報を引き出す
☑ 現地や法務局などに行く前に売主の書類を確認する

🖊物件状況報告書

物件を引き渡す際の状態を明記する書類。売主が知りえる情報や瑕疵等をあらかじめ買主に伝えることで引渡し後のトラブルを防ぐ

🖊付帯設備表

物件引き渡し時設備の状態を明記する書類。エアコンや給湯器等の有無や故障・不具合等・経年劣化等を記載することで、引き渡し後のトラブルを防ぐ

＊残債
38ページ

売主の目的をヒアリングで引き出す

　買主と売主との見解の違いからトラブルが発生することがあります。このような行き違いを避けるためには、売主からのヒアリングで、売主しか知らない情報を聞き出すことが大切です。まずは、「**物件状況報告書（告知書）**」、「**付帯設備表**」を売主に記載してもらうようにしましょう。重要事項説明書に添付して買主に説明する書類になります。

　売却理由や残債＊等の確認も行いましょう。特に、売却理由が買換えの場合は、契約書に引渡し猶予特約を付けるケースがあるので、必ず確認しましょう。

　また、現地や法務局などに調査に行く前に売主が所有している書類を一通り確認すると、効率よく調査が行えます。

 不動産豆知識

引渡し猶予特約とは

　残金決済後に売主から買主への物件引渡しの猶予期間をつけること。売主が自宅を売ったお金で新しい家に買い換えようとすると、売却代金が手元に入るのは自宅売却の残金決済後です。

　新しい家に引越せるのもその後のため、引越後に自宅を引き渡します。

　一時的な仮住まいをしなくて済むメリットがありまが、猶予期間はせいぜい1週間程度。買換え先の決済および引越しも引渡し猶予期間内に行います。

　売却の決済前までに買換え先の契約締結が済んでいる状態であり、買主からの合意が必要です。

☐ 委任状	売主の委任状がないと役所等で「評価証明書」や「敷地内埋設図面」等を取得できない。効率よく調査を行うためにも、法務局に行く前には受け取っておいたほうがよい
☐ 登記識別情報（権利書）	不動産の所有者が本人であるかどうかの確認と対象地との照合のために必要。現地調査の住所の参考になるため、事前に確認する
☐ 納税通知書	固定資産税評価額が記載されているため必要。売主が紛失等して納税通知書が無い場合は、委任状で評価証明書を取得する。決済時に必要となる
☐ 測量図等	特に隣地等との取り決め事項や越境等の覚書等を締結している場合は、必ず確認する
☐ 住民票	登記記載の住所と現住所が異なる場合には、現住所とつながりがわかる住民票が決済時に必要となる
☐ 戸籍の付表等の書類	売主が引越しを繰り返しており、登記住所と現住所の住民票とのつながりがわからない場合に必要となる
☐ 謄本	所在や地番、不動産の大きさや所有者や権利関係等を調べることができる。調査では最新の謄本を取得する必要がある
☐ 公図	登記簿に記載の所在地と現地とを照合する。分筆等があると地番や公図が変わるため、最新の公図が必要。ネットでも取得可能
☐ 購入時の契約書等	購入時の契約書にはその当時の所有者が書かれているので確認しておく。リフォームの履歴や契約内容なども把握することでトラブルを避けられる

第4章 物件の調査

 Conclusion

❶「物件状況報告書（告知書）」と「付帯設備表」を売主に記載してもらう

❷あらかじめ売主より委任状を取得しておくことで詳細調査が可能

❸売却理由が買換えの場合は、あらかじめ資金計画を確認しておく

マンション調査で確認するべきこと

Check Point

✓ マンションの調査では4つの書類を取得する
✓ 理事長からのヒアリングで調査報告書をまとめる

取得するべき4つの書類

　　マンションの調査では、下図の4つの書類を取得することで、物件の基本的な情報を得ることができます。

　　書類取得の依頼先は、マンションが**自主管理**か**委託管理**[*]しているかによって異なります。自主管理のマンションの場合は「重要事項に係る調査報告書」を作成していないため、直接理事長からヒアリングして調査報告書として書類をまとめる必要があります。

　　理事長の連絡先を事前に確認しておき、現地調査の際にヒアリングができるようスケジュールを調整しておくと、効率よく調査できます。

＊自主管理
42ページ

＊委託管理
42ページ

マンション調査に必要な4つの書類

書類	記載されていること	
重要事項に係る調査報告書	・マンションの管理費	・修繕積立金総額
	・駐車場の空き状況	・修繕実施状況
管理規約	・マンションの管理に関する事項	
	・共用部に関しての取り決め	
使用細則	・専用部分の利用に関しての取り決め	
総会議事録	・総会の議題	・マンションの問題
	・修繕実施予定	・管理費等の値上げ予定

✅ マンション調査チェックリスト

管理会社に確認する事項

- ☑ 管理費、修繕金・滞納等
- ☑ 長期修繕計画書の有無
- ☑ アスベストの利用
- ☑ 耐震診断実施履歴
- ☑ マンション内での事件・事故
- ☑ 暴力団関係者の入居は
- ☑ その他、一時負担金の発生

- ☑ 大規模修繕工事履歴・実施予定
- ☑ 管理費、修繕金値上げ予定
- ☑ 特定の者への費用減免の有無
- ☑ 住宅性能評価の有無
- ☑ 管理費の引き落とし
- ☑ ペットの飼育
- ☑ 民泊の許可等
  （住居利用しないで賃貸に出す場合、管理費が上乗せされることも）

建物全体の確認

- ☑ エントランスのお知らせ看板
- ☑ ゴミ置き場、共有スペース等の整理具合

- ☑ 建物劣化状況、修繕状況等
- ☑ その他、土地・戸建の現地調査を参考（72〜83ページ）

専有部分の確認

- ☐ パイプスペースの位置確認
  （図面だとPSと記載されている）

- ☐ エアコンの設置状況
  （共用廊下側の部屋は特に室外機が共有廊下に置くことが出来ないことが多い）

- ☐ バルコニーからの眺望や日照等

- ☑ 騒音等
  （部屋がエレベーターや共有廊下に面しているか）

- ☑ 間取り変更が可能か
  （上階や左右部屋の壁が構造壁だと難しい）

- ☑ フローリングの張替え規定

- ☐ 水回り位置の変更が可能か（**スラブ内配管・直貼り**で水回り位置を変更すると給排水管を動かせないため、床高が変わり天井高が低くなる。）

🖍 **スラブ内配管**

スラブとは、床と下の階の部屋の天井部分のコンクリート部分。スラブ内配管は給排水管がそのコンクリート内部を通っているために物理的に給排水管を動かすことができない

🖍 **直貼り**

床材を直接スラブに貼っていること。玄関と廊下の床高が低く廊下と各部屋の段差はないが、水回り部分だけが床が高くなる

📝 Conclusion

❶ 理事長へのヒアリングは現地調査の際に行えると効率的

❷ 書類取得の依頼先はマンションが自主管理か委託管理かで異なる

❸ スラブ内配管や直貼りだと水回り位置の変更は難しい

▶ 現地調査①

購入　売却　賃貸
賃借　**業者**

現地調査で事前に調べたことと照合する

Check Point

- ✔ 書類や売主の発言をうのみにしてはいけない
- ✔ 現地調査では、必ずカメラを持参する

書類との照合が主な仕事

　書類に記載されている事項や売主の発言をすべてうのみにするのは危険です。購入時に調査した宅建業者が間違って調査している可能性もあります。そのため、現地調査で事前に書類等で調べたことと照合をしましょう。

　特に事前の書類確認で感じた問題点や疑問点等は記録に残して現地で照合します。もし、調査してもどうしても不明だった点はその旨を記録に残して「重要事項説明書[*]」に記載することが大切です。

* 重要事項説明書
140ページ

　<u>大切なのは一回で調査を済ませることではなく、ミスなく調査すること</u>。疑問点や不明点があれば役所や現地を何度も往復する必要もあります。効率よく調査して回ることも重要ですが、トラブルを起こさないように調査して仲介するのがプロの仕事です。

現地調査に必要な物

　現地調査に必要なのは、書類だけでなく各種の道具もあります。特に大事なのはカメラです。**疑問点や不明点等を撮影しておくと、役所での調査**[*]**の際に担当者に写真を見せたりできるので、確認がよりスムーズになります。**

* 役所での調査
100〜117ページ

　また、メジャーは道路幅員[*]について調べるため、5m以上のものを持っておくと便利でしょう。

* 道路幅員
80ページ

☑ **現地調査の所持品チェックリスト** ……………………………………

必要道具等	
☑ メジャー（できれば５ｍ超のもの）	☑ カメラ
☑ メモとペン	☑ ライト
☑ レーザー距離計（あると便利）	☑ バール
☑ 方位磁石	（下水マス等を開けるときに利用）

持参書類等	
☑ 住宅地図	☑ 持参書類チェックリスト
☑ 公図	☑ 測量図
☑ 謄本	

 不動産豆知識

地番と住所（住居表示）の違い

　地番は、土地の一筆（いっぴつ）（土地の単位ごとに割り振られた部分）ごとに番号が割り振られたものです。法務局に行くと土地の筆ごとに登記簿が存在します。

　それに対して、住所（住居表示）とは、建物に割り振られた番号です。郵便物を配達する際などに使われます。昭和37年に住居表示に関する法律が施行される前までは、地番が住所と同じ役割をしていました。しかし、土地が分筆できたり道路ができるようになると、地番だけでは複雑になったため、建物に番号を割り振って場所を特定しやすく変わっていったのです。

　なお、更地の土地には住所（住居表示）はありません。

Conclusion

❶ 書類等で調べたことを現地調査で照合する

❷ 疑問点や不明点があるときは役所や現地を何度も往復する

❸ メジャーは５ｍ以上だと道路の幅員を調べるのに便利

購入　売却　賃貸
投資　**業者**　全部

現地の情報と 公的情報を照合する

Check Point

✓ 埋設管や道路の状況は写真等に記録する
✓ 国や都道府県のデータと差異がないかを確認する

現地の状況がデータと違うことも

　　現地では埋設管や道路の状況を調べて写真等に記録します。その際は、事前に国や都道府県等のデータを取得し、照合して差異がないかどうかを確認します。

　　もし、差異がある場合は、その原因について売主などにヒアリングして確認します。

 水道調査

STEP1：管轄の水道局にて埋設図面を取得する

STEP2：水道管が公設か私設か、水道局に直接確認する

STEP3：埋設図面の給水管引込み状況を測量図や住宅地図と照らし合わせながら確認する

STEP4：現地で照合調査を行う。水道管が隣接地等を経由していないか等も要確認

下水道調査

STEP1：下水道台帳を取得する（「都道府県名＋下水道台帳」で検索するとネットで取得可能）

STEP2：敷地内の埋設図面がない場合が多いので、現地で下水マスを開けて引込み状況等を確認する。配管の向き等によって配管が隣地を通っているかがわかる

STEP3：隣地を通っている疑いがあれば、売主・隣地所有者に確認する

STEP4：公設か私設か確認（私設の場合は維持管理は私道所有者と共有）

STEP1：ガス管埋設管を請求する（「都道府県名＋ガス埋設状況」で検索するとネットで取得可能）

↓

STEP2：ガス埋設図面から前面道路の都市ガス埋設状況および敷地内の引き込み有無を確認する

↓

STEP3：現地にてガス管引込みを調べる（道路端にGマークがある）

↓

STEP4：現地でプロパンガス利用有無を調べる（都市ガスの引込みがあってもプロパンを利用する場合もある）

↓

STEP5：プロパンガス会社と売主との契約内容確認（ガス会社変更等は違約金がかかる場合もある）

↓

STEP6：プロパンの場合、給湯器の所有権確認（給湯器がガス会社のリースになっている場合もある）

道路調査

STEP1：現地にて現況の道路幅員および境界有無を調べる

＊セットパック
81ページ

↓

STEP2：法務局にて公図と要約書から道路所有者を調べる

＊開発登録簿
111ページ

↓

STEP3：道路管理課で道路台帳を取得し、道路幅員および道路境界確定有無を調べる（県道の場合は県の土木事務所、国道であれば国道事務所に行く）

↓

STEP4：建築指導課で建築基準法上の道路種別を調べる
42条1項5号（位置指定）道路の場合➡建築審査課で位置指定道路申請図を確認
42条2項道路の場合➡道路管理課・建築指導課でセットバック*を調べる
42条1項2号（開発）道路の場合➡建築審査課で開発登録簿*を取得する

↓

STEP5：現況と調査内容の相違があれば調べる。敷地が未接道かどうか・地役権の設定有無については要注意

Conclusion

❶ 水道管や下水道管が公設か私設かを確認する

❷ ガス調査では、都市ガスかプロパンガスかを確認する

❸ 建築指導課で道路種別を調べる

▶ 現地調査③

境界標で物件の
境界線を確認する

境界標で土地の境界が明確化される

現地調査では、まず境界標の有無を確認します。境界標とは、隣の土地との間の境界線を確定させるための目印のこと。境界標と境界標を結ぶ線が境界線となるため、土地の境界が明確化されます。

基本的に不動産の契約書には、土地の境界を明示してから引渡す旨が記載されています。境界を明示しないと物件の敷地面積がわからないからです。

もちろん、境界を確定させたからといって大きく土地の面積が変わるわけではありません。しかし、そのわずかな差が土地の価値に大きな影響を与えることがあります。

たとえば、境界を確定させた際にわずかでも最低敷地面積[*]に足りていなかった場合、その土地の価値は一気に下がることになります。

＊最低敷地面積

54ページ

境界標の確認の仕方

| コンクリート製 | プラスチック製 | 金属板 | 金属鋲 |

境界標がない場合の対策法

いざ現地で探しても境界標が見つからないこともあります。その場合、以下の2つの方法をとることができます。

● 土地家屋調査士に依頼する

境界標の復元が可能です。境界は隣地に住んでいる人にも関わることなので、立ち会ってもらいながら境界を復元します。その際、越境部分に関しての覚書が締結されているかを売主に事前確認し、まだ締結していない場合は覚書を取り交わします。手数料は数十万円です。隣地の土地所有者と連絡がとれない、境界部分を隣地の人が認めないなど交渉等に時間を費やすこともあります。

● 境界非明示の特約をつける

土地家屋調査士への依頼は時間も手間もかかるため、境界を非明示にしたまま取引が行われることもあります。その際は、契約書に必ず特約としてその旨を明記します。

境界非明示で取引を行う際は、**公簿売買**が行われることになります。**実測精算**ではないため、誤差に関してはお互いに受け入れることが前提となります。

面積が確定しないため、土地を**分筆**することもできません。基本的には明示させるのが無難と言えるでしょう。

＊土地家屋調査士
34ページ

覚書
当事者双方での取り決め等を記載した書面のこと。口頭でのトラブルを避けるために締結が必要

公簿売買
測量によって登記簿面積と差異が生じたとしても、面積差異部分の精算は行わずに登記記載面積を売買対象面積として売買契約を締結すること

実測精算
測量によって登記面積と差異が生じた場合、面積差異部分を残金決済時に精算すること

分筆
現況の地番（土地ごとに割り振られた番号）の地積（土地の面積)を分割すること

分筆とは

| 67 | → | 67-1 | 67-2 |

Conclusion

❶ 境界標とは、隣の土地との境界線を確定させる目印のこと

❷ わずかな面積差が、土地の価値に大きな影響を与えることもある

❸ 隣地とのトラブルで境界が確定できないこともある

埋設管から
読み取れること

埋設管でわかること

　調査では、敷地内の埋設管も調べます。ガス管や水道管の目印などを調べ、写真に撮っておきましょう。

●ガス管

　都市ガスの場合、すでに宅地内に都市ガスを引き込んでいたら前面道路に「**Gマーク***」があるはずなので確認します。もしGマークがない場合は、都市ガスを引き込む費用がかかる可能性もあります。

　プロパンガスの場合、ガスメーターや給湯器にLPと記載があります。12Aや13Aなどの記載があれば都市ガスです。

●水道管

　水道管のメーターボックスが前面道路などにあるはずなので確認します。水道メーターやそのカバーには、引き込み管の太さが記載されているので必ずチェックしましょう。引き込み管の太さによって水圧が変わります。13mmしかない場合は水圧が足りない可能性もあり、その場合は20mm・25mmに交換する必要があります。当然交換には費用がかかりますし、状況によっては物理的に交換できない可能性もあるので、水道局に確認しましょう。

●電気

　スマートメーター*でない場合は、ブレーカーでアンペア数について確認します。特にマンションの場合は、アンペ

Gマーク

矢印とともにGのマークが道路上に貼られてあり、ガス管の位置を示している

スマートメーター

デジタルの電力量計の事。以前の電力量計はアナログメーターが付いており銀色の円盤がぐるぐると回ってメーターが動き、使用量が分かるようになっていた。電力量計がスマートメーターになることで、検針員がメーターの使用量を毎月確認しなくて済むようになり、契約アンペア数の変更も電話一本で変更可能となった

ア数の上限が決まっているため要注意。

　敷地内に電柱があるかどうかも確認します。大きな金額ではありませんが使用料をもらえることもあるので、土地所有者変更の連絡を電柱の所有権者にしてもよいでしょう。

電柱の所有権者
電柱に記載してある管理番号をNTTか電力会社へ伝えると所有権がどちらにあるかわかる

埋設管を調べる際の目印

ガス管

Gマーク（都市ガス）	ガスメーター

水道管

水道メーターカバー	水道メーター
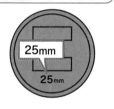	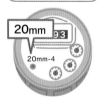

電気

ブレーカー（アンペア数）	電柱
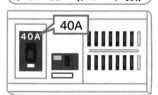	

✎ **Conclusion**

❶ Gマークがないと、都市ガスの引き込み費用がかかることがある

❷ 水道の引き込み管の太さによって水圧が変わる

❸ マンションはアンペア数の上限が決まっているため注意する

▶ 現地調査⑤

道路の幅と接道間口で土地の価値が変わる

Check Point

✔ 現地調査を行うときは、メジャーを必ず持参する
✔ 道路の幅員と間口は必ず長さを測っておく

道路の調査ではメジャーが必須アイテム

接道
建築基準法上の道路に対象敷地が接していること。敷地が建築基準法上の道路に2m以上接していないと建物を建築することが出来ない

現地調査を行う際の必須アイテムの一つがメジャー。さまざまな場面で活用できますが、特に対象物件の**接道**※を調査する際には必要不可欠です。

まず、調べるべきは土地と道路が接している間口です。間口が2m未満の場合は、建築基準法により建物を建てることができません。法律ができる前の建物をわざわざ取り壊す必要はありませんが、更地になったときに建物を建てられないため、土地の価値は大きく下がってしまいます。

接道間口とは

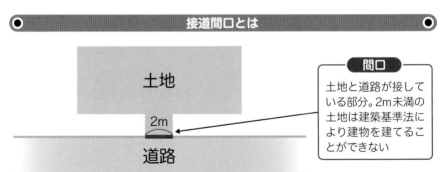

土地

2m

道路

間口
土地と道路が接している部分。2m未満の土地は建築基準法により建物を建てることができない

幅員が4m未満の場合はセットバックが必要

間口の長さを調べたら、次は道路の幅を調べます。道路の幅は、土地の境界標を基準にして4m以上あるかを確認しましょう。

建築基準法では、道路の幅は4ｍ以上と定められており、4ｍ未満の場合はセットバックを行う必要があります。

セットバックとは、道路の中心線から2ｍまで自分の土地を後退させて道路にすることです。道路の中心線は、周辺の物件のセットバック状況を確認して写真を撮り、役所の道路管理課[*]で確認します。

中古物件を売買する際はセットバックを行う必要はありませんが、その後建物を建て替える際にはセットバックをすることが法律上で義務づけられているため、土地の価値に大きな影響を及ぼします。

特に注意が必要なのは、セットバックしたときに土地面積が最低敷地面積を下回ってしまうケースです。建物の建て替えが実質不可能になるので、土地の価値は大きく下落してしまいます。

＊道路管理課
101ページ

第4章 物件の調査

セットバックとは

土地

道路の中心線から2mは道路を確保できるようにして土地を下げる

0.5m

1.5m

2m

道路 ―――― 中心線

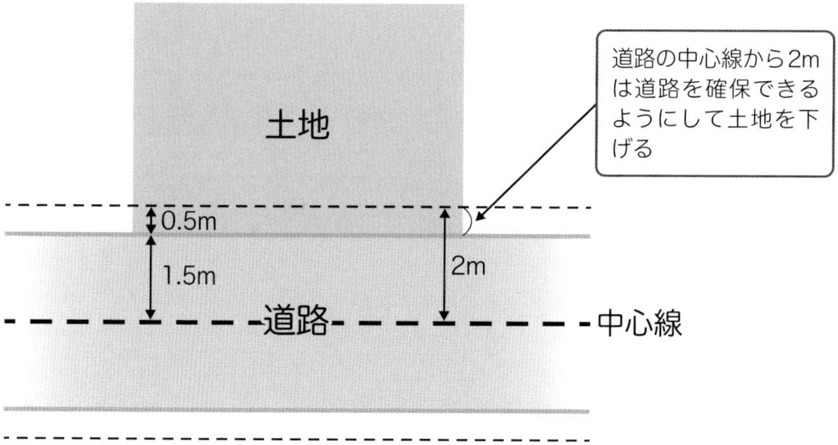

Conclusion

❶ 道路との間口が2メートル未満の土地は建物が建てられない

❷ 建築基準法で道路の幅は4ｍ以上と定められている

❸ 道路の幅が4ｍ未満の場合、セットバックする必要がある

▶ 生活施設等の調査

建物の劣化・近隣の環境を確認する

Check Point

✔ 建物の劣化は事前にヒアリングした上で、目視でも確認する

✔ 近隣環境の変化を実際に現地に足を運んで確認する

目視でわかる範囲で確認する

> **既存住宅状況調査**
>
> 国土交通省で定める調査基準に従う既存住宅の調査。原則的に非破壊での調査となり目視で確認できる範囲の調査になる。主に構造耐力上の主要な部分や劣化事象の有無が調査の対象

　建物の劣化状況等に関しては、事前に売主にヒアリングしておきます。特に修繕履歴等は確認しておきましょう。

　その後、現地では目視でわかる範囲で確認します。もし、明らかに劣化しているとわかる箇所があれば、写真などの記録に残しておきます。

　状況によっては、建築士による**既存住宅状況調査**[*]を依頼することもあります。ただし、売主の許可がないと調査ができないため、調査の許可をとりましょう。

✔ 建物の劣化チェックポイント

☐ 外壁のクラック	☐ 塗装	☐ 設備
☐ 基礎のクラック	☐ ドアのたてつけ	☐ 傾き（ビー玉・水平器）

近隣環境の変化を確認する

　近隣環境や生活施設が地図上の情報と大きく変わっていることがあります。たとえば、地図ではコンビニがあったのに現地ではなくなっていることなどは珍しくありません。

　このような近隣環境の変化も実際に現地に足を運ばなければわかりません。最低でも対象地から半径200m～300mくらいの範囲内は実際に歩き回り、スーパーやコン

ビニ、病院等の医療施設があるか確認しましょう。

　その他にも、交通量や人通り、学校の通学路になっているかどうかなど道路の状況も必ず確認します。近隣に**嫌悪施設**[*]があるかについても確認して記録しておきましょう。

　可能であれば近隣の方へのヒアリング調査も実施します。ただし、売主が売却事実を知られたくないケースもあるため配慮が必要です。

最寄り駅から歩いてかかる時間を計る

　販売図面に記載されている駅からの時間は、地図上の距離で80mごとに１分で計算されています。信号の待ち時間や坂道等は考慮されていないため、徒歩10分と記載されていても実際に歩いたら15分かかるケースもあります。実際に歩くとどの程度の時間かを調べてみましょう。

第**4**章　物件の調査

嫌悪施設
一般的に人が嫌がるような施設。たとえば、ゴミ焼却場や工場また墓地等。また、人によっては小学校も嫌悪施設に含まれる場合もある。子供がいる家庭であれば小学校が近くで安心というメリットがあるが、校庭での子供の声を騒音と感じたり風による校庭からの塵埃等を嫌がる人もいる。よって、音や振動、臭気、日照や風向き等により対象物件に影響を及ぼす可能性がある施設を嫌悪施設として調査する

✓ 近隣環境チェックポイント

☐ 駅・バス停までの道のり　☐ 最寄り駅(電車の本数・快速停車駅か否か)
☐ 街灯の有無　☐ 交通量・人通り
☐ 自治会等のお知らせ看板　☐ 建て替えや建築看板の有無
☐ 嫌悪施設等の有無　☐ ゴミ置き場の位置
☐ 一方通行・道の幅等(車が入れるか道か否か)
☐ マンション、戸建て、事務所等の建物とその住人

✓ 生活施設チェックポイント

☐ 学区域の学校　☐ スーパー・コンビニ等　☐ 病院や医療機関等
☐ 商店街・商業施設等　☐ 銀行・郵便局・役所等　☐ 公園

Conclusion

❶ 明らかに建物が劣化しているとわかる箇所は記録に残しておく

❷ 既存住宅状況調査には、売主の許可が必要

❸ 販売図面の駅からの時間は信号や坂道が考慮されていない

10 ▶ 法務局調査①

購入 売却 賃貸
競売 業者

法務局で
書類を取得する

Check Point

✔ 法務局では、物件の場所や権利、地歴等を確認する
✔ 地番がわからないとすべての書類を取得できない

まずは地番を確認する

法務局では、物件の場所や権利、地歴等について確認します。もし、現況との違いや疑問点等がある場合は、再度現地調査を行ったり、売主へのヒアリングしましょう。

法務局に着いたら、まずは**ブルーマップ**から地番*を調べます。地番がわからないと、公図を含めすべての書類を取得できません。

ブルーマップは基本的に冊子として置かれていますが、最近ではタッチパネル式の地番検索システムでブルーマップを検索できる法務局も増えています。

マンションの場合は家屋番号も必要なので、わからない場合はマンション簿の部屋番号から家屋番号を調べます。

> **ブルーマップ**
> 住所から登記上の地番がある程度わかるようにしてある住宅地図の事。ブルーマップから公図番号のほかに用途地域や建ぺい率と容積率も確認できる
>
> *地番
> 73ページ

法務局での調査の流れ

STEP1：ブルーマップから地番を調べる

STEP2：公図を取得し住宅地図等で正式な地番を調べる

STEP3：書類（登記事項証明書、地積測量図、建物図面・各階平面図、隣地の要約書等）を取得する

公図は明治時代につくられた書面

公図を取得することで、正確な地番を知ることができます。ブルーマップ上では道路などを合わせた大ざっぱな地

84

番しかわからないため、公図によって道路の地番も把握することができます。

ただし、公図はもともと明治時代に税金徴収のために作られた図面です。当時の測量技術が低かったこと、税金を少しでも安く抑えるために土地を過少申告していたことなどから、精度はそこまで高くありません。

現在では、地籍調査により正確な地図を法務局に整備することが規定されていますが、全国的にも実施率は約56％程度です。<u>公図の情報をうのみにせず、現況との違いがないかをきちんと確認しましょう。</u>

公図をうのみにはしない

現在では、地籍調査により正確な地図を法務局に整備する規定があります。<u>地籍調査とは、各市区町村で行われる土地所有者立会いのもとでの境界確定のこと。</u>法務局に備えられている公図や謄本は上記の通り情報が古く、現況とのずれが生じていることがあるため、正確な情報を法務局に記録するために実施されています。

ただし、地籍調査の実施率は全国的に約56％程度にすぎません。公図の約半分は、地籍調査前ということです。地籍調査前の公図は情報が古いままなので、<u>うのみにせず現況との違いがないかをきちんと確認しましょう。</u>

法務局に備えられている公図には分類があります。地籍調査前の分類には「地図に準ずる図面」と記載されており、地籍調査後の公図には「地図（法第14条第1項）」という分類が記載されています。

Conclusion

❶ 法務局に着いたら、まずはブルーマップから地番を調べる

❷ 公図を取得すると正確な地番を知ることができる

❸ 地籍調査の実施率は約56％程度にすぎない

ブルーマップのサンプル

この場合、対象地の地番は67-26ということになる

対象地には公図番号が振り分けられているので、申込書に記載する

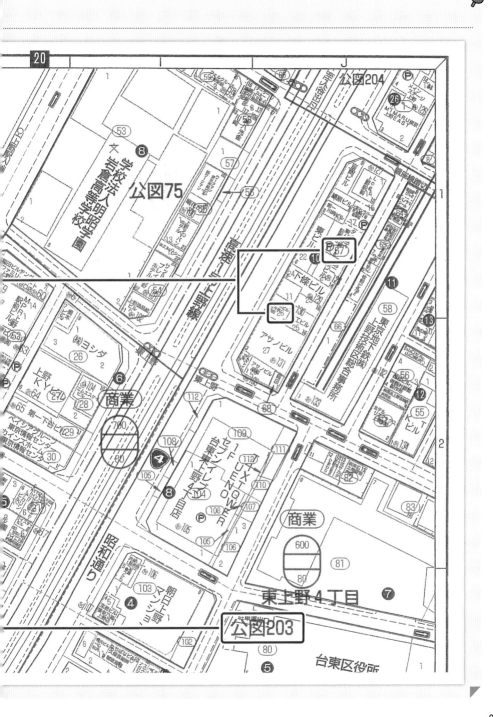

地図・各種図面用

地　図　　　等　の　証明書交付　請求書
地積測量図等　　　閲　　覧

※太枠の中に記載してください。

> 証明書を発行するには600円、閲覧の場合は450円の収入印紙を購入する

窓口に来られた人	住　所							
（請求人）	フリガナ							
	氏　名							

収入印紙欄

収入
印紙

収入
印紙

※地番・家屋番号は，住居表示番号（○番○号）とはちがいますので，注意してください。

種　別 （✓印をつける）	郡・市・区	町・村	丁目・大字 字	地　番	家屋番号	請求 通数
1 □土地						
2 □建物						
3 □土地						
4 □建物						
5 □土地						
6 □建物						
7 □土地						
8 □建物						
9 □土地						
10 □建物						

> ここまでは住所と同じ情報を記載する

> ブルーマップ上で確認した地番をここに記載する

> わからない場合は公図請求時には記載する必要はない。ただし、後にマンション簿の部屋番号から調べておく

（登記　収入印紙は割印をしないでここに貼ってください。

（どちらかに✓印をつけてください。）
　　　□　証明書　　□　閲覧

※該当事項の□に✓印をつけ，所要事項を記載してください。

- □ 地図・地図に準ずる図面（公図）　（地図番号：　　　　）
- □ 地積測量図・土地所在図
  - □ 最新のもの　□ 昭和／平成　　年　　月　　日登記したもの
- □ 建物図面・各階平面図
  - □ 最新のもの　□ 昭和／平成　　年　　月　　日登記したもの
- □ その他の図面（
- □ 閉鎖した地図・地図に準ずる図面　（公図）
- □ 閉鎖した地積測量図・土地所在図　昭和／平成　　年　　月　　日閉鎖）
- □ 閉鎖した建物図面・各階平面図　（昭和／平成　　年　　月　　日閉鎖）

> ブルーマップ上で確認した公図番号をここに記載する

交付通数	交付枚数	手　数　料	受付・交付年月日

（乙号・4）

公図のサンプル

Nと書かれている
方角が北

ブルーマップ上では
「67-26」と記載さ
れていたが、公図上
だと2つに分かれて
いる。
今回のケースでは
67-3は道路だが、
その道路の所有権
を知るためには公
図で地番を知る必
要がある

申込書で記載した地番
付近の公図が発行され
る。公図番号内の土地
すべてを網羅している
わけではない

(注) 地図に準ずる図面は、土地の区画を明確にした不動産登記法所定の地図が備え付けられるまでの間、これに代わるものとして備え付けられている図面で、土地の位置及び形状の概略を記載した図面です。

請求 部分	所在				地番	67番26		
出力 縮尺	1/600	精度 区分		座標系 番号又 は記号	分類	地図に準ずる図面	種類	旧土地台帳附属地図
作成 年月日				備付 年月日 (原図)	昭和48年2月1日		補記 事項	

これは地図に準ずる図面に記録されている内容を証明した書面である。

令和元年12月26日
東京法務局台東出張所
登記官 　荒井義明

請求番号：2-1
(1/1)

「地図に準ずる図面」と記載されている場合は、地籍調査
を実施していないため精度は低い。
「地図(法第14条第1項)」と記載されている場合は、地
籍調査を実施しているため精度が高い

▶ 法務局調査②

購入　売却　賃貸
業者

登記事項証明書で
権利と地歴を確認する

Check Point

✓ 登記事項証明書で所有者や取得経緯を調べる
✓ さかのぼって地歴等を確認する場合は閉鎖謄本を閲覧する

登記事項証明書は誰でも閲覧可能

公図により対象地の地番が判明したら、その地番を元に書類を取得していきます。

まずは、**登記事項証明書**[*]（不動産登記簿）を取得しましょう。登記事項証明書は建物であれば建物ごと（マンションは部屋ごと）、土地であれば地番ごとに存在します。登記事項証明書を取得することで、対象地の大きさや所有者の氏名等や取得経緯（売買、相続等）、**抵当権**[*]の設定有無などがわかります。

登記事項証明書は不動産取引の安全と円滑化を目的として誰でも閲覧が可能です。売主の物件であっても、委任状なしで宅建業者が閲覧することができます。

さかのぼって地歴を確認する際に必要なこと

もし登記事項証明書よりさらにさかのぼって土地の地歴等を調べる必要があるときは、閉鎖謄本を閲覧しましょう。現在の証明書以前に、どういう経緯で土地が分筆され、所有権が移ったかなどの経緯が書かれています。

閉鎖謄本とは、登記が閉鎖されたときの記録のこと。登記が閉鎖される際は2つのケースがあります。

1つ目は**土地の合筆**[*]や建物の滅失等で閉鎖されるケースです。たとえば、現在の地番が「67-26」となっている場

登記事項証明書
「謄本」のこと。92ページ参照

抵当権
住宅ローン等でお金を借りる際に不動産を担保として金融機関が設定する権利のこと。債務返済ができなくなった際に担保不動産が競売にかけられた際に優先的に返済を受けられる権利。原則的に住宅ローンで購入しようとする物件に抵当権が設定される

土地の合筆
77ページの「分筆」の逆。2筆以上の土地を合わせること

合、元々地番「67」だったものを分筆されているため、分筆前の地歴を知るためには閉鎖謄本が必要です。

2つ目は、コンピューター化にともない閉鎖されたケースです。それ以前の情報は法務局に冊子で保存されているので、閲覧やコピーを請求しましょう。

閉鎖謄本の取得欄サンプル

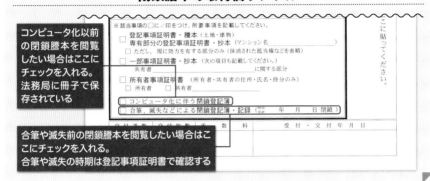

コンピュータ化以前の閉鎖謄本を閲覧したい場合はここにチェックを入れる。法務局に冊子で保存されている

合筆や滅失前の閉鎖謄本を閲覧したい場合はここにチェックを入れる。
合筆や滅失の時期は登記事項証明書で確認する

💡 不動産豆知識

登記に公信力はない

「登記には公信力がない。」と言われています。登記があれば自分が所有者だと第三者へ主張できますが、最終的には登記よりも真実が優先されます。

たとえば、売主Bから不動産を購入し、実際に所有者の登記をBから買主Cのものに変えたとします。しかし、後にその不動産の所有者がBではなく、Aという人物だと発覚します。Bは自分の所有物ではない不動産をCに売りつけるという詐欺を働いたのです。

この場合、実際に登記されているのがCの名前だからといって、権利はCのものにはなりません。あくまで本来の所有者であるAの不動産となります。

登記事項証明書に記載されている所有者が必ずしも真の所有者だとは限らないのです。

📋 Conclusion

❶ 登記事項証明書は誰でも取得できる

❷ 土地が合筆したり建物が滅失すると登記が閉鎖される

❸ 登記に記載されていることが真実とは限らない

登記事項証明書サンプル

登記されたことがない不動産を登記するのが
土地家屋調査士の仕事。登記されてはじめて
建物の大きさや地積等が表題部に記載される。

千葉県松戸市和名ケ谷1 　　　　　　　　　　　　　　　　　　　　　（建物）

表　題　部	（主である建物の表示）	調製	平成11年2月25日	不動産番号	0402000334007

所在図番号	余 白

所　　在	████████	余 白

家屋番号	1048番1	余 白

① 種　類	② 構　造	③ 床　面　積　㎡	原因及びその日付〔登記の日付〕
居宅	木造瓦葺2階建	1階　　69　40 2階　　69　40	平成2年5月5日新築
		余 白	

マンションではない
場合は、ここで家屋
番号を確認できる

権利部には所有権や抵当権
等の事項が記載されており、
所有権の移転や抵当権設定
に関しては司法書士の仕事。
甲区では所有権がどのように
移転されたかの経緯が記載
されている

権　利　部　（甲区）	（所有権に関する事項）

順位番号	登　記　の　目　的	受付年月日・受付番号	権利者その他の事項
1	所有権保存	平成2年8月23日 第30342号	
	余 白		昭和63年法務省令第37号附則第2条第2項 の規定により移記 平成11年2月25日
2	差押	平成20年8月6日 第33807号	原因　平成20年8月6日差押 債権者　松　戸　市
3	所有権移転	平成24年5月24日 第21244号	原因　平成23年11月22日相続
4	2番差押登記抹消	平成28年8月19日 第31427号	原因

所有権保存と書かれてい
る権利者が最初の所有者

下線が引かれている箇所は、
すでに抹消されている部分。
今回は4で差押登記が抹消さ
れているため、2の差押に下
線が引かれている

権　利　部　（乙区）	（所有権以外の権利に関する事項）

順位番号	登　記　の　目　的	受付年月日・受付番号	権　利　者　そ　の　他　の　事　項
1	根抵当権設定	平成3年3月30日 第10803号	████████
付記1号	1番根抵当権変更	平成24年11月22日 第51418号	████████

乙区では抵当権
設定について記
載されている

＊　下線のあるものは抹消事項であることを示す。　　　整理番号　D43135　（1/1）　　1/2

抵当権の優先順位

下線が引かれているため、抵当権は抹消されている

千葉県松戸市和名ケ谷１０４８－１　　　　　　　全部事項証明書　　　　（建物）

順位番号	登 記 の 目 的	受付年月日・受付番号	権 利 者 そ の 他 の 事 項
			▓▓▓▓▓▓▓▓▓
付記２号	１番根抵当権元本確定	平成２４年１１月２２日 第５１４１９号	原因　平成２３年１１月２２日確定
付記３号	１番根抵当権変更	平成２４年１１月２２日 第５１４２０号	▓▓▓▓▓▓▓▓▓▓▓
	余 白	余 白	昭和６３年法務省令第３７号附則第２条第２項の規定により移記 平成１１年２月２５日
2	抵当権設定	平成１５年４月１７日 第１８０５５号	▓▓▓▓▓▓▓▓▓▓▓
3	２番抵当権抹消	平成１６年１月２９日 第３３７８号	原因　平成１６年１月２８日完納

共 同 担 保 目 録

記号及び番号	(ヌ)第２３３２号		調製	平成１１年７月２２日

番　号	担保の目的である権利の表示	順位番号	予　　備
1	▓▓▓▓▓▓▓▓▓▓	1	余 白
2	▓▓▓▓▓▓▓▓▓▓ ▓▓▓▓▓▓	1	余 白
	余 白		余 白　昭和６３年法務省令第３７号附則第３条の規定により移記 平成１１年７月２２日

共同担保目録に記載されている不動産は、記載されている複数の不動産を一つの債権の担保としている。住宅ローンで土地建物を購入すると登記事項証明書の共同担保目録には、土地と建物が記載されている。
注意点は、共同担保目録に対象不動産以外の不動産が記載されている場合があること。抵当権者（金融機関）に対象不動産の売却にあたり共同担保目録から外せるかどうか確認する必要がある

これは登記記録に記録されている事項の全部を証明した書面である。

平成３０年６月１５日
千葉地方法務局松戸支局　　　　　　　登記官　　　　　　　　池　部　聖　史

＊　下線のあるものは抹消事項であることを示す。　　　　　整理番号　Ｄ４３１３５　（１/１）　　２/２

12 地積測量図・各階平面図からわかること

- ✔ 地積測量図で対象地の面積を確認する
- ✔ 各階平面図には建物の形状や面積が記載されている

地積測量図でこれから行うこと

一筆
登記事項証明書（登記簿謄本）に記載されている土地の地番の1つ

地積更正登記
登記事項証明書に記載されている地積（土地面積）が測量の結果が現況と異なる場合に、実測面積に更生して登記申請すること

　地積測量図とは、土地家屋調査士が実測し測量したものを登記することで法務局に備えられている**一筆***ないし複数の筆の地積を図面化したもの*です。対象物件の面積を確認するために、法務局で地積測量図を取得します。

　ただし、土地の分筆や**地積更正登記***をする際に法務局に添付する書類なので、すべての土地に対して地積測量図が備えつけられているわけではありません。

　作成時期の古い地積測量図は精度が良くないため、現況との差を確認しましょう。また、測量図は地積測量図だけではなく、以下の3つの測量図に分けられます。

3つの測量図

精度		
高 ↑	確定測量図	すべての隣地所有者立会いの下で境界を確定した測量図。境界ごとに隣地の所有者に実印で記名押印書類をもらい境界を確定する
	地積測量図	分筆等の登記申請する際に法務局に添付する測量図。作成年度によって境界標明示義務の有無（昭和52年以前はなし）や測量技術の違い等から精度にバラツキがある
↓ 低	現況測量図	現況で測量する測量図。境界標がない箇所に関しては、計算点としておおよその箇所を境界と仮定して計算する

- 境界確定なしでの売買は隣地とのトラブルになる可能性がある
- 隣地との境界が確定できないと土地分筆ができない
- 土地家屋調査士に確定測量図を依頼する場合、境界の数や隣地の共有者の人数等によって測量費が変わってくる
- 道路との境界確定をする場合、役所等の立会いが数カ月かかる
- 地積測量図は作成年度によって現況面積と相違がある

建物図面・各階平面図の現況との差異も確認する

建物図面・各階平面図とは、法務局に備えられている建物の形状や面積を記載している図面です。地積測量図と同様に測量技術が古く現況と面積が異なっていたり、登記の際に添付義務がなかったため、法務局に備えられていない物件もあります。

また、増築や改築をした際に変更登記を申請していない場合も、現況と建物図面は異なります。

変更登記を法務局に申請するのには、**土地家屋調査士**へ の依頼料がかかるため、増改築してもそのまま変更登記していないケースも多々あります。

土地家屋調査士
不動産の現況を調査し表示に関しての登記申請する専門家。登記事項証明書の表題部にあたる部分の登記申請を行う

建物図面・各階平面図の注意事項

- 現況との相違を確認
- 増改築等の履歴を売主から確認しておく
- 敷地に対しての建物の配置や大きさを確認
- 作成時期が古い場合は現況と異なる場合が多いので注意

Conclusion

❶ すべての土地に対して地積測量図が備えられてるわけではない

❷ 作成時期の古い測量図は精度が高くない

❸ 増改築しても変更登記をしていないケースが多々ある

地積測量図サンプル

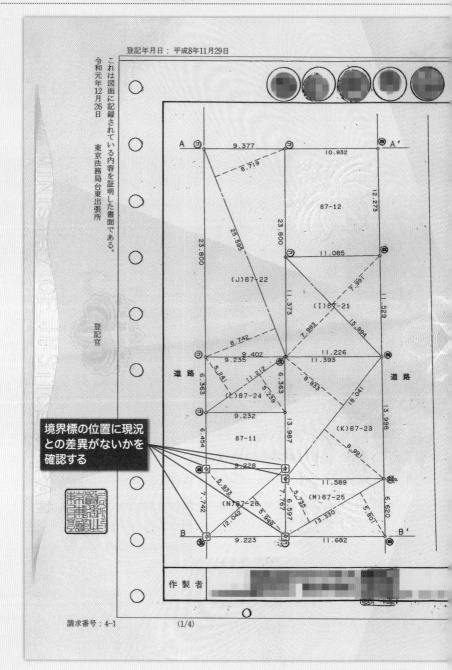

境界標の位置に現況との差異がないかを確認する

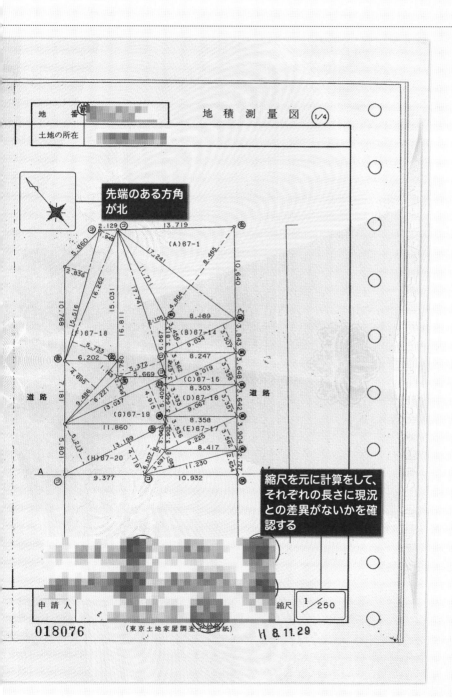

地　番　[編集済]　　　　　地　積　測　量　図　(1/4)

土地の所在　[編集済]

先端のある方角が北

縮尺を元に計算をして、それぞれの長さに現況との差異がないかを確認する

申請人　　　　　　　　　　　縮尺　1/250

018076　　　（東京土地家屋調査士会用紙）　Ｈ8.11.29

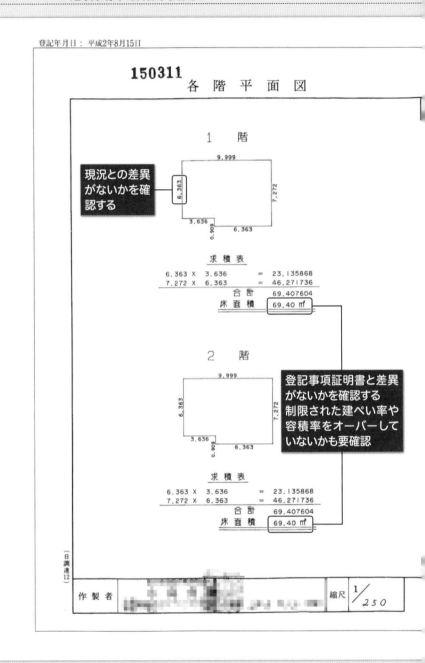

登記年月日： 平成2年8月15日

150311

各 階 平 面 図

1 階

9.999

6.363

7.272

現況との差異がないかを確認する

3.636

0.909

6.363

求 積 表

6.363 X 3.636 = 23.135868
7.272 X 6.363 = 46.271736
合 計 69.407604
床 面 積 69.40 ㎡

2 階

9.999

6.363

7.272

登記事項証明書と差異がないかを確認する
制限された建ぺい率や容積率をオーバーしていないかも要確認

3.636

0.909

6.363

求 積 表

6.363 X 3.636 = 23.135868
7.272 X 6.363 = 46.271736
合 計 69.407604
床 面 積 69.40 ㎡

（日調連12）

作 製 者

縮尺 1/250

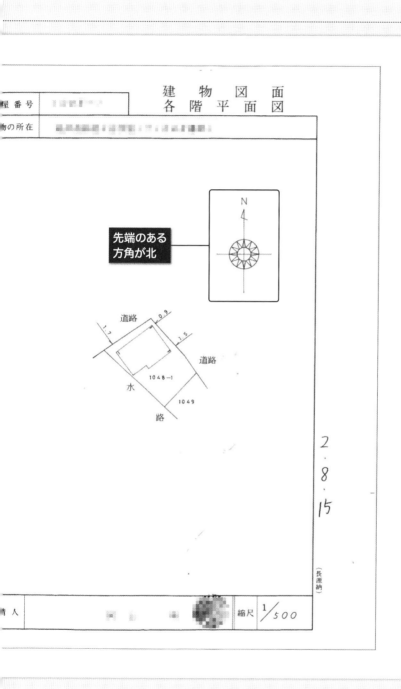

建 物 図 面
各 階 平 面 図

番号

物の所在

N

先端のある
方角が北

道路

道路

水

路

1048-1

1049

2.8.15

(長瀬納)

縮尺 1/500

人

▶ 役所調査①

役所の物件調査で規制内容を確認する

役所で法令上の制限を調査する

現地や法務局の調査が終わったら、最後は役所での調査を行います。役所調査では、建物がどういう基準で建てられているかなど法令上の制限を確認します。

特に建て替えの際は、その地域で本当に建物が建てられるかを確認しましょう。

法令上の制限とは大きく以下の3つに分けられ、地域ごとに規制内容が変わります。

● 都市計画法

将来的な快適な街づくりのために規制や制限をかける法律。たとえば、道路を整備したり、大きな敷地の宅地分譲を勝手にできないように規制を行っています。

● 建築基準法

昭和25年に定められた建物建築における法律。建築基準法は年々改定されているため、建築当初に適法だった建物でも現在の建築基準法では適合しない**既存不適格建築物**[*]となっている可能性もあります。

● その他法令等

その他市区町村等によって建築基準法とは別に建築規制を厳しく設定している場合や景観に関する規制、がけ地での建築制限等の規制等があります。

既存不適格建築物

建築当初適法に建築されている建物だが、建築基準法の改定により現況での建築基準法では適法しない建物のこと。建築当初においてすでに適法でない「違法建築物」とは異なる

疑問点をメモして質問する

　基本的に役所は聞かれたことしか答えてくれません。現地調査で感じた疑問点等は必ずメモして、役所等で質問する必要があります。

　また、役所では資料等の閲覧ができても写しがもらえない場合がありますが、その場合は必ずメモしておきましょう。担当者からヒアリングした事実は「●年●月●日□□区役所建築審査課◇◇氏より聴取」とメモして、重要事項説明書に記載します。

　必要であれば調査した内容をもとに再度現地にて照合調査を行いましょう。

役所で調査すること

部署	調べること
都市計画課	都市計画や用途地域等を調べる
道路管理課	道路台帳を取得し、道路幅員および道路境界確定有無を調べる（県道の場合は、県の土木事務所、国道であれば国道事務所に行く）
建築指導課	建築基準法上の道路種別や対象地の建築制限等を調べる 対象地の建築制限等を調べる
建築審査課	建築計画概要書を調べ、写しと台帳記載事項証明書を取得する
下水道	下水道の整備予定がないかを調べておく。下水道が整備予定となっている場合、各家庭で負担金が発生する場合があるので調査を怠ると売買後にトラブルになりかねない
その他	その他の条例やライフラインの埋設状況を調べる。敷地内のライフラインの埋設管図の閲覧には売主の委任状が必要なので事前に取得しておく

Conclusion

❶ 都市計画法は、将来的な街づくりのために規制する法律

❷ 現地調査での疑問点はメモをして、役所で質問する

❸ 担当者からヒアリングしたことは重要事項説明書に記載する

▶ 役所調査②

都市計画法について調査する

Check Point

☑ 都市計画課では、対象エリアが「都市計画区域」かを調べる
☑ 都市計画区域か準都市計画区域の場合は、用途地域も調べる

対象エリアが都市計画区域かどうかを調べる

　都市計画課では、まずは対象エリアが「都市計画区域」かどうか、「用途地域」の区分などを調べます（右図参照）。

　もし、対象エリアが「都市計画区域」もしくは「準都市計画区域」内の場合は、「用途地域」と定められています。

　「用途地域」は、住居系・商業系・工業系の３つに分けられており、建物の用途や使用目的が１つのエリアで混在しないように規制されています。「用途地域」が定められていないと、工場やビルなどが混在してしまい、街としての秩序がなくなってしまうからです。

防火地域かどうかで建物構造が規制される

　<u>防火地域とは密集した市街地で建物の延焼を防止するための建物構造に関する規制</u>です。防火地域は用途地域によって定められており、建物の規模により建物の構造等が制限されます。規制がかかる規模の建築物を建築するには鉄筋コンクリート造や鉄骨等の**耐火建築物**としなければなりません。建築コストが変わるので、「防火地域」や「準防火地域」で建築を考えている場合は注意が必要です。

　しかし、「防火地域」や「準防火地域」でも建築規模によっては木造建築物が可能なので、これから家を建てる場合は設計図が建築可能な条件かどうかを再度確認しましょう。

🖊 **耐火建築物**

主要構造部分が耐火性能を満たしている建物のこと。鉄骨造やコンクリート造といった建物で木造建築より建築コストが割高になる

木造建築が可能な条件		
部署	延床面積	階数
防火地域	100㎡以下	2階以下
準防火地域	500㎡以下	3階以下

対象エリア判別法

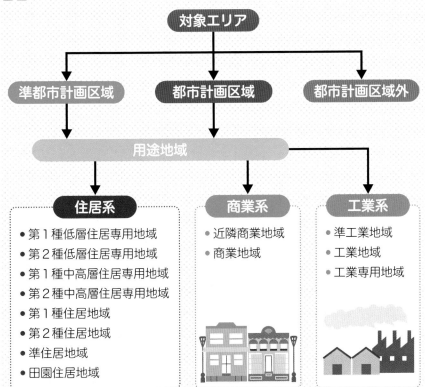

対象エリア

- 準都市計画区域
- 都市計画区域
- 都市計画区域外

用途地域

住居系
- 第1種低層住居専用地域
- 第2種低層住居専用地域
- 第1種中高層住居専用地域
- 第2種中高層住居専用地域
- 第1種住居地域
- 第2種住居地域
- 準住居地域
- 田園住居地域

商業系
- 近隣商業地域
- 商業地域

工業系
- 準工業地域
- 工業地域
- 工業専用地域

Conclusion

❶ 用途地域とは、建物の用途が1つのエリアに混在しないための規制

❷ 用途地域は、住居系・商業系・工業系の3つに分けられてる

❸ 防火地域とは、密集した市街地での延焼を防止するための規制

建物の高さ制限を計算する

☑ 建物の高さには用途地域ごとに制限がある

☑ 建物の高さ制限は大きく４つに分けることができる

高さ制限を調べる

隣地の日照や採光等を確保するために、建物の高さには用途地域ごとに制限があります。どの用途地域にあたるか判明したら、建築基準法で規制されている建物の高さを計算しましょう。高さ制限は次の４つに分けられます。

*用途地域
103ページ

●斜線制限

「道路斜線制限」「隣地斜線制限」「北側斜線制限」があり、道路や隣地境界から一定の勾配の範囲内で建物の高さが制限されます。

●絶対高さ制限

「第一種第二種低層住居専用地域」のみで規制される高さ制限です。10mまたは12mに建物の高さが制限されます。

●日影規制

隣地の日照を確保するための建物の高さの規制です。冬至の日を基準として隣地が日陰になってもいい時間を制限するものです。「用途地域」によって測定する時間や規制を受ける建物の高さが決められております。

●高度地区

市街地の環境維持と土地利用の推進を目的とした規制です。日照や採光を確保するための「最高限度高度地区」と、建物の最低の高さを規制する「最低限度高度地区」があります。都道府県や市区町村によって規制が違います。

3つの斜線制限

道路斜線
狭い道路に面して高層の建築物が建つと、日照や採光、通風等に悪影響を及ぼす。
前面道路の幅員・用途地域・容積率に応じて、建築物の各部分の高さを規制する

隣地斜線
隣地の建築物の日照や採光、通風等を確保するために建築物の各部分の高さを隣地境界線との関係から規制する。
第一種低層住居専用地域、第二種低層住居専用地域内は絶対高さ制限があるため、隣地斜線制限は適用されない

北側斜線制限
北側にある建築物の日照等を確保するために、建築物の各部分の高さを道路境界線または隣地境界線から真北方向の水平距離により規制する。第一種低層住居専用地域・第二種低層住居専用地域・第一種中高層住居専用地域・第二種中高層住居専用地域のみで規制が行われる

高度地区の例（東京都）

第一種高度地区　　　第二種高度地区　　　第三種高度地区

隣地境界線　　　隣地境界線　　　隣地境界線

Conclusion

❶ 絶対高さ制限は「第一種第二種低層住居専用地域」のみ規制される

❷ 日影規制は、隣地の日照を確保するための規制

❸ 高度地区は都道府県や市区町村によって規制が違う

16

▶ 役所調査④

購入 | 賃貸 | 売却 | 業者

建ぺい率・容積率を計算する

Check Point

✔ 都市計画課では、その地域で指定されている建ぺい率の規制も調べる

✔ 地域ごとに定められている指定容積率も調べる

都市部にビルが密集する理由

建ぺい率が80％の指定地域で、かつ防火地域での耐火建築物に関しては建ぺい率の規制を受けません。なので敷地ギリギリに建物が建てられます。

建築面積

建物の柱や壁等で囲まれた部分の水平投影面積。外壁から1m以内のバルコニーや庇部分は建築面積に含まれないが、超過している場合は建築面積に含まれる

敷地の何割程度の建物を建てられるかを調べる

都市計画課では、その地域で指定されている建ぺい率の規制も調べましょう。建ぺい率とは、敷地面積に対する建築面積の割合を示したものです。建物を上から見下ろしたときに敷地の何％にあたるかを示しています。

指定された建ぺい率がわかると、その敷地に対してどの程度の面積の建物が建てられるかがわかります。たとえば、建ぺい率60％の指定地域であれば、敷地に対して60％以内に**建築面積**を抑えなければなりません。

容積率を調べる

指定された建ぺい率を満たしていれば、何階建ての建物でも建てられるわけではありません。建ぺい率だけでなく

建ぺい率の公式

建築面積÷敷地面積×100＝建ぺい率

計算しよう！

例題 **敷地面積100㎡　建築面積60㎡**

60㎡÷100㎡×100＝60％

容積率の規制もあるからです。**容積率とは、敷地面積に対する建物の延床面積の割合**です。

延床面積
建物の各階の面積を合計した面積。条件によって容積率に不参入できるものや緩和できるものがある

建築基準法上では地域ごとに定められた指定容積率と道路幅員により規定される基準容積率を比較し、数値の低い容積率未満の建物を建てるように規制されています。

容積率に算入されない面積

- マンションの共用廊下や階段部分
- 地下部分（延床面積の $\frac{1}{3}$ 限度で容積率に算入されない）
- 駐車スペース（延床面積の $\frac{1}{5}$ 限度で容積率に算入されない）

容積率の公式

$$延床面積 ÷ 敷地面積 × 100 = 容積率$$

基準容積率の公式

商業系・工業系

$$前面道路幅員 × \frac{6}{10} × 100 \text{ or } 指定容積率（低い値）$$

住居系

$$前面道路幅員 × \frac{4}{10} × 100 \text{ or } 指定容積率（低い値）$$

 計算しよう！

例題　敷地面積100㎡　　　　　　　延床面積150㎡
　　　住居系地域・前面道路幅員4m　指定容積率200%

$4 × \frac{4}{10} × 100 = 160\% < 200\%$ ➡ 容積率の規制160%
$150㎡ ÷ 100㎡ × 100 = 150\% < 160\%$ ➡ 建築可能

Conclusion

❶ 建ぺい率とは、敷地面積に対する建築面積の割合
❷ 容積率とは、敷地面積に対する建物の延床面積の割合
❸ 指定容積率と基準容積率を比較して、数値の低い値で規制される

建築基準法に適合しているかを調べる

中間検査

工事の途中で、建築基準法等に適合しているかを検査する。完了検査の時点では見えない部分を重点的に行う

完了検査の実施状況

昔は完了検査を受けることが今ほど厳格化されていませんでした。よって、中には建築確認を受けているが完了検査を受けていない建物もあります。
2005年に起こった姉歯事件以降、完了検査を受けることが厳格化されるようになりました。

各法令に適合しているか確認する

建物を建築する際は、まず建築物が各法令に適合するかどうか建築計画の確認を受ける必要があります。その建築確認を受けた証明書を建築確認済証と呼びます。

実際に建築工事が完了した際も、同様に完了検査を受ける必要があります。完了検査を受けると、証明書として「検査済証」を受け取れます。3階建以上の共同住宅においては、**中間検査**を受けていることもあります。

建築確認や完了検査を受けずに建築されている建物は違法建築物の可能性があります。

台帳で確認済証の発行を確かめる

宅建業者はまず対象物件の台帳*を調べる必要があります。台帳には、確認検査や完了検査の番号や年月日及び建築主事等は台帳に記載されています。

検査の流れ

STEP1	STEP2	STEP3	STEP4	STEP5	STEP6
建築確認申請	建築確認済証発行	建築工事着工	中間検査	工事完了	建築完了検査

確認済証番号がわかればすぐに台帳を調べることができますが、実際は番号不明のケースが多いです。その場合は、建築年月日、所在地、建築主等を手がかりに探します。

対象物件の台帳を確認できたら、その証明書類として台帳記載事項証明書の発行を依頼しましょう。また、建築計画概要書の写しも取得し、建築申請の内容を確認します。

もし、台帳記載事項証明書や概要書と現況に相違点等がある場合は、その原因を確認しましょう。

台帳の保存期間

築年数が15年以上前のものは台帳自体が残っていない可能性もあります（各地域によって保存期間が異なる）。

台帳記載事項証明書のサンプル

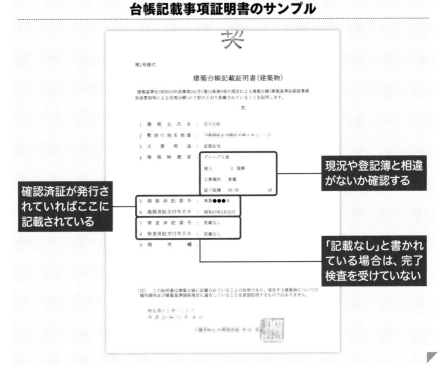

確認済証が発行されていればここに記載されている

現況や登記簿と相違がないか確認する

「記載なし」と書かれている場合は、完了検査を受けていない

Conclusion

❶ 建築計画の確認を受けたら建築確認済証を受け取る

❷ 建築工事が完了した際は、完了検査を受ける必要がある

❸ 台帳を確認したら台帳記載事項証明書を発行する

18 開発許可の対象地かを調べる

Check Point

✔ 建物を建築する際は、建築計画の確認を受ける必要がある
✔ 開発事業は大きく3種類に分けられる

各法令に適合しているか確認する

　開発許可とは、一定規模以上の大きさで土地区画形質の変更をする際に、市区町村から開発の許可を受ける制度です。主に、建築物の建築を目的とした開発行為が許可の対象となります。

　建築物の建築をともなわない場合は、許可は必要ありません。開発規模により許可が不要なケースもありますが、市街化調整区域では規模に関係なく許可が必要になります。

　開発は以下の3種類に分けられます。

- ●区画の変更*
- ●形の変更*
- ●質の変更*

調査の際に注意するポイント

　宅建業者にとって開発許可が関わってくるのは、担当する物件が開発許可の対象地だったときです。開発登録簿等を確認して現況等を確認します。開発許可を受けた宅地は予定建築物以外は基本的に建築することができません。

　また、近隣で開発許可を受けている場所等がある場合も、同様に開発登録簿や土地利用計画図等で内容等を確認します。開発によって環境等が大きく変わるため重要事項説明書に記載して説明することが必要となります。

区画の変更
道路や公園等の公共施設を新設したり変更や廃止する

形の変更
切土や盛土を含む一体的な造成行為によって土地の形質自体を変更する

質の変更
農地や雑種地等の宅地以外の土地を宅地に変更し土地の有する性質自体を変更する

開発許可が不要な開発行為

区域	都市計画区域			準都市計画区域	都市計画区域・準都市計画区域以外
	市街化区域	市街化調整区域	非線引き区域		
規模	1000㎡未満（三大都市圏500㎡未満）		3000㎡未満	3000㎡未満	10000㎡未満（1ヘクタール未満）
その他、許可不要な場合	・市街化区域以外の農林漁業用の建築物または農林漁業従業者の住居 ・公益上必要な建築物（鉄道施設、公民館、図書館等） ・都市計画事業、土地区画整理事業、市街地開発事業等の事業としての開発行為				

開発登録簿

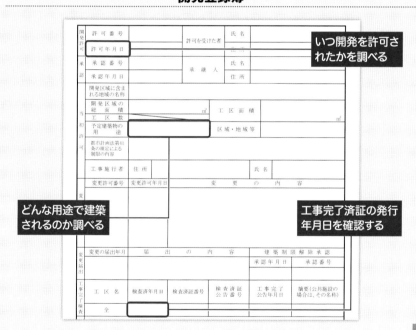

いつ開発を許可されたかを調べる

どんな用途で建築されるのか調べる

工事完了済証の発行年月日を確認する

Conclusion

❶開発許可を受けた宅地は原則的に予定建築物以外の建築はできない

❷調査対象物件の近隣で開発許可受けた場所がないか確認する

❸開発登録簿や土地利用計画図等で開発許可の内容等を確認する

役所調査⑦

対象地に都市計画道路があるかを確認する

Check Point

- ✓ 都市計画道路は、既存道路の拡幅または新たな道路の新設計画がある
- ✓ 対象地が都市計画道路にかかると建築制限を受ける

土地区画整理事業が行われる理由

物件の調査の際は、対象エリアにおける都市計画や都市計画道路の有無も調べます。都市計画道路とは**都市計画**の一つで、指定されると既存道路の拡幅、または新たな道路の新設の計画をします。

対象地が都市計画道路にかかっていると、建築の制限を受ける可能性があるため調査が必要です。

事業主体によって管轄部署なども異なるため、管轄を調べてから計画図等を取得しましょう。

計画決定の段階か事業決定かを確かめる

都市計画道路は、計画決定の段階と事業決定の段階に分かれます。

計画決定したからといって、事業化されてるとは限らず、約50年経っても事業化されていない道路もあります。

計画決定の段階でも、都道府県によっては**優先整備路線**や**緩和路線**が定められているため調べておきましょう。

事業化が決定すると、事業を実現するために用地を買収したりするなど、実際に道路をつくる段階がはじまります。

都市計画道路はが工事が完了するまでは建築基準法**42条1項4号道路**として扱われますが、工事が完了すると42条1項2号道路となります。

都市計画

農林漁業とのバランスをとりつつ、健康で文化的な都市活動を確保するためのまちづくりのこと

優先整備路線

都市計画道路の中で、優先的に整備していく路線のこと

緩和路線

都市計画道路の中で、建築制限が緩和されている路線のこと

42条1項4号道路

現在は道路ではないが、2年以内に事業を執行し道路として指定予定の道路のこと。開発行為(110ページ)により新設される道路や土地区画整理事業(114ページ)での都市計画道路のこと

建物の新築や増築が可能なのは計画決定の段階までで、事業決定すると工事に支障をきたす恐れのある建物は原則として建築できません。

　また、計画決定の段階でも **RC** [*] の建物は建てられないなどの制限がかかってしまいます。

鉄筋コンクリートでつくられた建物のこと

実際の調査の流れ

STEP1：対象地に計画道路がかかっているかを調査する

STEP2：都市計画道路の路線名称と計画幅員等を確認する

STEP3：計画決定の段階か、事業決定の段階かを調べる
　　　　　決定年月日等を確認する

STEP4：事業決定の段階であれば工期や工事進捗状況等を確認し、
　　　　　対象地の道路収容部分等の確認をする

STEP5：対象の都市計画道路の管轄部署等から計画図を確認する
　　　　　（各路線により管轄が異なる）

都市計画道路による建築制限

計画決定された都市計画道路に対象地がかかる場合の建築制限等

階数は２階以下で地階がない建物。
主要構造部は、木造、鉄骨造、コンクリートブロック造、その他これらに類する構造のものに限られる

事業決定された都市計画道路に対象地がかかる場合の建築制限等

原則的に都市計画道路の事業地内での工事に支障をきたす恐れがある場合には建築できない。
土地の形質変更・建築物等の建設・重量物等の設置は許可が必要

Conclusion

❶ 計画決定と事業決定の段階では建築の制限が異なる

❷ 都市計画道路の事業主体によって計画図等の取得先が異なる

❸ 計画決定されたからといって、事業化するとは限らない

20 ▶ 土地区画整理事業

土地区画整理の進捗状況を確認する

土地区画整理事業が行われる理由

　道路や水道等が未整備だったり、道が入り組んだ地域で無秩序に住宅が建てられてしまうと、住みよい街でなくなってしまいます。そのような街に対して、道路や公園を計画的に整備し新しい街区をつくっていく街づくりのことを「土地区画整理事業」と呼びます。

　都市計画の一つとして行われる事業で、土地地権者同士が組合を形成し民間事業者が行う事業等があります。

土地取引の際に気を付けること

　土地区画整理事業地内の土地取引をする際は、事業の進捗状況を聞くことが大切です。調査する際には、土地区画整理事業の事務所や組合等から仮換地指定通知書（証明書）、換地の重ね図等を取得しておきましょう

　土地区画整理が行われる場合、実際の売買対象地はあくまでも**従前地**ですが（登記も従前地）、従前地は**使用収益**することができません。なので、**仮換地**を指定して従前地の代わりに使用収益できる場所を提供します。

　仮換地が指定された際に注意したいのが、登記や登記面積が仮換地ではなく従前地のものとなること。たとえば、登記記載面積では150㎡となっているのに、実際に使用収益できる仮換地では土地面積が100㎡しかないこともあり

🖊 **従前地**
土地区画整理を行う前の土地のこと

🖊 **使用収益**
土地を使用して利益をあげること

🖊 **仮換地**
土地区画整理の間、従前の宅地の代わりに仮で使用できる土地

えます。その結果、建築できる建物の条件も変わってしまいます。

　仮換地が登記ができるのは換地処分後（事業終了後）です。その際に精算金等が発生することとなります。**減歩**により精算金を交付される、もしくは精算金を払わなければならない場合もあるため、事前に確認しておきます。

　最終的には換地処分後でなければ精算金が確定しないため、賦課金が発生するリスクもあります。

減歩
土地区画整理後に、従前地と換地後の面積が異なること

土地区画整理の例

 整理前

整理後

📝 **Conclusion**

❶ 従前地の登記簿と仮換地指定証明書で所有者を確認する

❷ 減歩や賦課金による精算金の有無を確認する

❸ 換地処分後（事業終了後）でなければ精算金等が決まらない

21 ▶ 農地法

購入 **売却** 賃貸
改築 **業者**

農地を売却・賃貸・転用するときは許可を得る

Check Point

✓ 農地を売却、賃貸、転用などする場合は農地法に則り許可を得る

✓ 無許可の取引は無効とされ罰則規定もある

各法令に適合してるか確認する

　宅建業において農地を売却、賃貸、転用などする場合は、農地法にのっとり許可を得る必要があります。無許可で行った売買や賃貸は、契約自体が無効とされ、3年以下の懲役または300万円以下の罰金に処されてしまいます。

　農地法の目的は、国内の農業生産を増大させ、国民の食糧の供給を安定させることです。農地や**採草放牧地**が無秩序に利用目的以外の使われ方をしたり、権利を移転されてしまうと国内の農業生産力が落ちてしまいます。

　次の3つの条文に基づいて許可を得る必要があります。

●農地法3条許可

　農地や採草放牧地を、利用目的を変えずに第三者へ売却や賃貸する場合は、農地法第3条により農業委員会の許可が必要となります。第三者へ売却や賃貸をされて農地として効率的な利用がされなくなるのを避けるためです。

　たとえば、農家が利用している農地を他の農家に売却や賃貸するという場合に許可が必要となります。

●農地法4条許可

　農地を農地以外のものに転用する場合には農地法第4条により都道府県知事の許可が必要となります。

　市街化区域にある農地を転用する場合は、農業委員会に事前届出で問題ありません。

 採草放牧地
農地以外の土地で、家畜のための採草もしくは家畜の放牧のための土地

市街化区域
すでに市街地を形成している区域、もしくは約10年以内に優先的に市街化を図る区域

たとえば、農家が自己所有の農地の一部を転用して自宅を建築するには許可が必要となります。

勝手に転用されてしまうと、優良な農地がどんどんなくなる危険性があるため、たとえ自分の農地であろうと無許可で農地以外のものに転用することはできません。ただし、採草放牧地の転用は規制してはいません。

● **農地法5条許可**

農地や採草放牧地を、農地以外のものに転用する目的で第三者へ売却や賃貸する場合には農地法第5条により都道府県知事の許可が必要となります。

市街化区域の農地や採草放牧地を転用目的で第三者へ売却する場合は、農業委員会への事前届出で問題ありません。

たとえば、農地を宅地として住宅を建てる目的で第三者が購入するという場合に許可が必要です。自己所有の農地の一部を、駐車場として第三者へ貸す場合も同様です。

農地法の3つの条文

	農地法3条許可	農地法4条許可	農地法5条許可
転用／権利移転等	農地→農地	農地→農地以外	農地→農地以外
	採草放牧地→農地、採草放牧地		採草放牧地→農地、採草放牧地
	売買・賃貸	自己使用	売買・賃貸
許可権者	農業委員会	都道府県	都道府県
市街化区域内	-------	農業委員会に事前届出	農業委員会に事前届出

Conclusion

❶ 農地法の目的は、農業生産を拡大させ食糧の供給を安定させること

❷ 農地法3条は農業委員会、4条と5条は都道府県知事の許可が必要

❸ 市街化区域では、4条5条でも農業委員会に届け出をすればよい

Column 4 境界標一つで犯罪になる!?

　76ページにて、不動産取引において境界標が重要であることは説明しました。境界が確定していないということは実測面積がわからないということです。土地を分筆して売却することもできなくなります。

　境界標がない場合、測量図や資料など何も残ってないなら、土地家屋調査士に依頼して隣地の方に立ち会ってもらって境界標を入れてもらうのがベストです。境界を確定したうえで地積測量図を作成してもらい法務局に登記すれば、ずっと記録に残ります。売買で所有者が変わっても、地積測量図があるかないかで境界でのトラブルは避けることができるのです。

　しかし、土地家屋調査士に依頼するとお金がかかる、隣地の人と仲が良くない、などの理由から「どうせ隣の人も世帯が変わっていて境界がどこかなんてわかりはしない」と自分で境界標を入れてしまうと、犯罪にあたる可能性があります。刑法第262条の2に境界に関して記載があります。

 刑法（境界損壊）

　第二百六十二条の二　境界標を損壊し、移動し、若しくは除去し、又はその他の方法により、土地の境界を認識することができないようにした者は、五年以下の懲役又は五十万円以下の罰金に処する。

　仮に隣の人が古い測量図を持ち出してきて、土を深く掘り返して昔設置した境界標が出てきたということがあれば、境界損壊罪にあたる可能性は十分にあります。スコップで深く掘りだしたら昔の境界標が出てきたというのはよくあることです。

　境界標がない場合は、ちゃんと土地家屋調査士に依頼しましょう。

不動産の費用と
住宅ローン

物件購入の費用を一括で支払うのは簡単なことではありません。多くの人は住宅ローンを利用して購入費用を融資してもらっています。しかし、住宅ローンは誰でも受けられるわけではありません。ローンを借りるための審査基準について押さえておきましょう。

▷ ローン契約の流れ

1

購入 　売却　　賃貸
投資　業者

ローン審査は
2段階に分けられる

Check Point

✓ 住宅ローンは、自ら居住する目的で購入する不動産の融資です
✓ ローン審査は事前審査と本審査の2段階に分かれている

一般的にはローンを組んでお金を払う

　不動産購入でいきなり全額を現金で支払える人は多くはないはずです。そこで、多くの人は住宅や土地を購入する際に金融機関から融資を受けます。この融資のことを住宅ローンと呼びます。住宅ローンは誰でも受けられるわけではなく、金融機関の審査に通らないといけません。**審査は、「事前審査」と「本審査」の2段階に分かれています。**

　住宅ローンは、自ら居住する目的で購入する不動産に対しての融資です。投資目的では融資はできません。

事前審査は売買契約前に終わらせる

　住宅ローンを組む際に、**借入する人がローンを組むことが可能かどうかを机上で審査するのが住宅ローン事前審査**です。事前審査は、売買契約前に行います。事前審査を契約前に行うのには、住宅ローンが組めるかわからないのに

不動産豆知識

ネット銀行の事前審査の注意点

　ネット銀行の事前審査には要注意です。都市銀行では事前審査の段階で個人信用調査などを実施し、綿密に事前審査を行っています。しかし、ネット銀行の事前審査では、個人信用調査までは行わない机上調査にすぎないため、たとえ事前審査に通ったとしても本審査で通らないケースも多々見られます。

売買契約を締結することができないからです。

ローン解除特約に注意

　住宅ローンを利用して不動産売買契約する際は、**契約締結後にローン審査承認が下りなかった場合に契約を白紙解除できる特約事項**[*]を設定します。

　契約書には、申込金融機関名・ローン申込金額・ローン期間等が記載されています。契約後にローンを借りたい金融機関が変わったとしても、記載した金融機関とは別の金融機関でローン承認が下りなかったとしても、契約を白紙解除はできません。

　たとえば、A銀行のローン解除特約付きでの売買契約をした後、考えが変わってB銀行でローン申し込みをし、B銀行でローン審査がNGになったとしても、ローン解除はできません。A銀行でのローン承認がNGだった場合のみにローン解除が有効となるからです。B銀行での承認がOKでA銀行が承認NGだった場合はローン解除可能です。

特約事項

契約書に取り決められた基本的な契約条項以外に当事者間で取り決めした条件や条項のこと

ローン契約の流れ

STEP1 ：ローン事前審査（122〜127ページ）

↓

STEP2 ：売買契約（6章）

↓

STEP3 ：ローン本審査（128ページ）

↓

STEP4 ：金消契約（金銭消費貸借契約）（130ページ）

↓

STEP5 ：残金決済（住宅ローン実行）（7章）

Conclusion

① 住宅ローンの事前審査は売買契約の前に行っておく

② ネット銀行の場合、事前審査のやり方が違うため注意が必要

③ ローン審査で承認が下りなかった場合には、特約で白紙解除できる

2

▷ 属性審査①

購入 　業者

お金を貸して返せる
人間か審査される

Check Point

✔ 事前審査では属性評価を審査される
✔ 金融機関はローン審査の際に個人信用調査を行う

ローン審査には2つの審査基準がある

　金融機関が住宅ローンを審査する際は、「**属性審査**」と「**担保評価**」という2つの審査基準を設けており、事前審査では属性評価を審査します。

　属性評価とは、ローンを借りる人自身に対する評価です。

住宅ローンの審査基準

- ローン審査
  - 属性審査
    - 個人信用調査
    - 勤務先と勤続年数
    - 収入
    - 借入時の年齢
  - 担保評価
    - 担保物件の価格
    - 登記事項
    - 建物の遵法性

✓ **事前審査時の必要書類**

☐ 顔写真付き身分証明書(運転免許証、パスポート等)
☐ 健康保険証
☐ 源泉徴収票(直近2期分)
☐ 確定申告書(直近3期分)　＊確定申告している場合
☐ 決算書(直近3期分)　＊自営業等の場合
☐ 印鑑
☐ 返済予定表(借入あれば)
☐ 販売図面
☐ 物件の登記簿謄本

お金を貸してもきちんと返せる人間かどうかを確認します。

● クレジットや消費者金融の情報を見られる

属性評価を審査するために、金融機関は**個人信用調査（個信）**を行います。個人信用調査とは、審査対象者の借り入れ状況、返済状況や遅延状況等を**信用情報機関**を利用して調べることです。信用情報機関はクレジット系・消費者金融系・銀行系に分かれており、貸し出しや滞納等の履歴を信用情報機関に登録して情報を共有しています。「個人信用情報」と呼びます。

個人信用情報は誰でも請求することが可能です。ただし、第三者の個人信用情報は「**個人情報の同意書**[*]」がなければ請求できないため、住宅ローン事前審査を申し込む際にはサインが必要です。各金融機関等によって書式は違いますが、どの同意書にも信用情報機関の情報開示と情報提供に同意する旨が記載されています。

ちなみに、**信用情報を確認するために自分で請求する**のはおすすめしません。一度開示請求すると信用情報機関に履歴が残ります。仮に金融機関が信用情報を取得した際に他で開示請求があった履歴を見ると、他行でNGだったのかと不信感を与えてしまいます。開示情報は6カ月履歴が残ります。遅延等の情報は5年間残ります。

信用情報機関

金融機関等が加盟し、消費者の借入や返済等の情報を共有することで、融資を受ける消費者の信用情報を提供している

個人情報の同意書

信用情報機関から消費者の信用情報を得るためには消費者の同意が必要。融資審査をする際には、必ず同意書にサインをもらう

携帯料金の注意点

携帯本体の料金を毎月の料金に含めて契約しているケースは多いです。しかし、途中で携帯キャリアを変更すると、元の携帯電話の本体代金が滞納扱いになり、滞納履歴が残ってしまいます。

第5章 不動産の費用と住宅ローン

3つの信用機関	
クレジットカード系	CIC（割賦販売法・貸金業法指定信用情報機関）
消費者金融系	JICC（株式会社日本信用情報機構）
銀行系	JBA（一般社団法人全国銀行協会）

Conclusion

❶ 属性評価とは、ローンを借りる人自身の評価

❷ 貸し出しや滞納等の履歴を「個人信用情報」と呼ぶ

❸ 個人信用情報は自分自身でも請求可能だが、開示請求の履歴が残る

▶ 属性審査②

勤務先や収入も 審査の対象になる

Check Point

✓ 属性審査では、個人信用調査の他に３点を評価される
✓ ローン担当者の不安要素があれば審査が通らない可能性がある

属性評価を審査する際に見られるポイントとは

属性審査では、個人信用調査の他に次の３点を審査されます。

少し違和感を感じたり不安要素があるなど、ローン担当者を迷わせる要素があればローン審査は通らない可能性があります。年収がいくら高くても返済比率に余裕がいくらあろうとも審査がNGとなるのです。

●勤務先と勤続年数

社員の入れ替わりが激しい業界や外資系企業は厳しくチェックされます。逆に公務員は優良貸出先と思われています。

また、勤続年数は長いほど信用度が上がりますが、短くてもスキルアップのための転職であれば考慮されます。

●収入

ローンを支払う余力があるかどうか年収を確認します。年収によっては、ローン返済比率が希望通りにならないこともあります。

自営業者の場合は、個人の年収の他に決算書の内容も審査対象になります。基本的に直近３期分の決算で一期でも赤字があれば審査は厳しくなります。

●借入時の年齢

完済時の年齢が何歳になるかを確認します。借入者の属性や金融機関により異なりますが、都市銀行の場合は80

審査NGの理由は教えてくれない

基本的に住宅ローン審査が通らなかった理由は教えてくれません。「総合的な判断で審査はNGとなりました」としかローン担当者は言ってくれないのです。審査で落とされないように審査のポイントを確認しましょう

歳までには完済できるよう計算します。退職金を見込んで返済していくという考えがあるからかもしれません。たとえば借入時年齢が50歳の場合、住宅ローンの借入最長期間が30年という事になります。

　自営業者等の場合、完済時年齢を**65歳以下**で設定して借入限度額を設定するケースもあります。

 金融機関の審査ポイント ‥‥‥‥‥‥‥‥‥‥‥‥‥‥‥‥

マイナス要素
☐ 使途不明金の大きな金額の引出しがある(浪費癖があると思われる)
☐ クレジットカードの利用が激しい
☐ キャッシングをしている
☐ 滞納履歴がある(借入や税金等)
☐ 嘘の申告をしている(調べればわかる)
☐ 言っていることと書類記載事項に相違点がある
☐ リボ払いでカード利用をしている
☐ やたらとクレジットカードを所有している （1枚につきキャッシング限度額で借入があると同等で審査を見ている）
☐ サラ金(消費者金融)から借入がある (滞納がなく返済終了していても金融機関からはマイナス評価)

プラス要素
☐ 毎月同じような資金の流れがある通帳(生活費等、貯蓄等を分けている) (お金の管理がしっかりしていると思われる)
☐ 同じ会社に長く勤めている
☐ まじめな性格

その他アピールすべきポイント
☐ 資産があれば示しておく(株、不動産、預貯金等)
☐ 国家資格等を保有していれば証明書を提示する (医師・弁護士・その他技術者等)

Conclusion

① 公務員は優良貸出先だと思われている

② 完済時の年齢が何歳になるかも審査の対象になる

③ 審査に落ちても「総合的な判断でNGとなった」としか教えてくれない

配偶者等の収入を合算して審査できる

Check Point

✓ 「収入合算」や「ペアローン」を利用するとローンが借りられることも
✓ 収入合算には連帯保証のタイプと連帯債務のタイプがある

収入合算等を上手に活用

住宅ローンは、借入者の収入によって借入額が決まります。借入者だけでは購入したい物件に対してローンを借りられる収入に満たない場合には、「収入合算」や「ペアローン」を利用するとローンが借りられることがあります。

メリットデメリットを見極めて利用しましょう。

●収入合算

配偶者等の収入を合算して審査してもらうことです。各金融機関によって収入合算の要件等は異なります。基本的には同居する親族・子供・配偶者で収入が見込める1人が借入者の収入に1／2まで収入合算して審査してもらえます。

 計算しよう！

例題 **夫：年収500万円　　妻：年収300万円**

借入者（夫）500万円＋収入合算者（妻）150万円＝審査上収入650万円

収入合算

住宅ローン申込本人以外に配偶者や同居する家族等に収入がある場合に、申込者本人の年収と合算して住宅ローンを審査し借入すること

また**収入合算**[*]には、収入合算者が連帯保証になるケースと連帯債務となるケースがあります。

連帯保証人となるケースでは、借入者が主債務者となるため、不動産所有権も借入者の単独名義になります。主債務者がローンの支払いをできなくなった場合は、連帯保証人の収入合算者が支払わなければいけません。また、主債

務者は自由に不動産を売買できますが、連帯保証人は売買することができません。

連帯債務者となるケースでは、借入者が主債務者ですが、収入合算者が連帯債務者となり１つのローンを連帯して払うことになるため、不動産所有権はそれぞれ持ち分を持つことになります。また住宅ローン控除もそれぞれ受けることができますが、**団信**は主債務者しか加入ができません。

● ペアローン

１つの不動産に対して住宅ローンを２つにわけることです。たとえば、4000万円の不動産に大して、夫2000万円、妻2000万円でそれぞれ住宅ローンを組みます。

この場合、夫と妻がそれぞれ主債務者となるため住宅ローン審査もそれぞれで出す必要があり、ローン手数料等もそれぞれかかります。１つの不動産に対して、夫婦それぞれ別々に住宅ローンを組むため、不動産持分もそれぞれ持つことになり住宅ローン控除もそれぞれ受けることができます。また、団信もそれぞれで加入することができます。

🖊 **団信（団体信用生命保険）**

住宅ローン申込者が死亡や高度障害等になった場合に、残りの住宅ローン債務を肩代わりしてもらえる保険のこと

🎓 **収入合算やペアローンの注意点**

収入合算者のキャリアプラン等も考慮しましょう。たとえば、収入合算者が仕事をやめると、合算者の返済部分の負担が増えます。
また、収入合算者の支払い分も負担することになるため、収入合算者から主債務者への贈与とみなされて贈与税が課税される可能性も出てきます。

収入合算とペアローンのメリット

	収入合算		ペアローン
	連帯保証	連帯債務	
ローン事務手数料等がそれぞれかかる	✕	✕	◯
ローン控除がそれぞれ受けられる	✕	◯	◯
団信をそれぞれ受けられる	✕	✕	◯
持ち分をそれぞれ持つ	✕	◯	◯

📝 **Conclusion**

❶ 借入先金融機関によって収入合算等の要件は異なる

❷ ペアローンは、それぞれローン手数料が発生する

❸ 収入合算者のキャリアプラン等も考慮しながら利用する

購入 業者

5 ローン本審査では 不動産担保を評価する

Check Point

☑ 事前審査が通っていれば本審査も通ることが多い
☑ 担保評価では、3つの審査基準で審査される

売買契約後に本審査を行う

債務者
お金を借りて返済義務を負っている人のこと。住宅ローンを借りている人

債権者
債務者に対して返済を請求できる権利を持っている人のこと。お金を貸している金融機関のこと

　ローンの本審査は、売買契約締結後に行います。**ローンを組む際は、購入した物件を担保に入れるのが一般的だからです。不動産担保**とは、**債務者**（住宅ローン借りる人）が返済ができなくなったときに備えて、購入する物件に抵当権（優先的に返済を受ける権利）を設定することで**債権者**（金融機関）が返済を確保するためのものです。

　基本的に事前審査で承認を得ていれば本審査も通ることが多いですが、本審査前に滞納や借入金が発覚するとNGになります。1週間後（早いと2〜3日程度）には審査結

☑ 本審査時の必要書類 ･･････････････････････････････

本人確認および収入の証明等の書類		
☑ 源泉徴収票	☑ 顔写真付き身分証明書(運転免許証、パスポート等)	
☑ 実印	☑ 印鑑証明書(1通)	☑ 住民票(1通)
☑ 住民税決定通知書または課税証明書	☑ 納税証明書(直近3年分)	

購入物件の書類等			
☑ 売買契約書	☑ 重要事項説明書	☑ 公図	☑ 登記事項証明書
☑ 販売図面	☑ 住宅地図	☑ 検査済証、建築計画概要書	
☑ 建築確認申請書(新築住宅の場合)	☑ 建物竣工図等(新築住宅の場合)		
☑ 工事請負契約書			

果が出ると言われていますが、事前審査を行っていない場合はもっと時間がかかることもあります。

本審査の基準となる４つのポイント

本審査では「属性評価」だけでなく、「**担保評価**」も行います。審査の基準となるのは、次の３つのポイントです。

● 担保物件の価格

担保物件がいくらで売却可能かを評価します。金融機関によって評価方法は異なりますが、路線価の７〜８割程度の価格で評価することが多いようです。物件によっては不動産鑑定士に依頼することもあります。築年数が古い物件であれば担保評価も下がり借入期間に影響も出てきます。

＊路線価
62ページ

● 登記事項

登記事項証明書から購入する物件が契約書と同じかどうか、権利関係等を確認します。

● 建物の遵法性

購入する物件は建築基準法を守っているか、再建築は可能かどうかを確認する。マンションの場合は管理に問題ないか等も確認します。自主管理だと審査が厳しくなります。

希望の借入額が通るとは限らない

住宅ローンの借入可能額は、年収に対して金融機関の規定している**返済比率***以内にローン返済が収まっている金額が限度額になります。

申込時の借入可能額や返済比率も審査されるため、希望が必ずしも通るとは限りません。

返済比率
年収に対して年間でのローン返済額の割合のこと。金融機関や年収によって基準は異なるが、おおよそ返済比率は30％程度

Conclusion

❶ ローンを組む際は購入した物件を担保に入れるのが一般的

❷ 担保物件がいくらで売却可能かを評価される

❸ 年収が返済比率以内でも希望の借入額が通るとは限らない

第5章 不動産の費用と住宅ローン

129

▷ 金消契約

購入 ~~売却~~ ~~賃貸~~
投資 業者 ~~工事~~

6 銀行と金銭消費貸借契約を締結する

Check Point

✔ ローン本審査承認後は決済日を確定させる

✔ 期限の利益とは、債務者にとっての借入期間のこと

🖊 決済日

売買物件の残代金や精算金等を売主に支払い物件の引渡しを受ける日のこと。決済日に住宅ローンが実行され、残代金等の支払い精算等が完了される

🎓 引き落とし口座

住宅ローンを申し込んだ銀行の口座を持っていない場合には、銀行担当者と打ち合わせの上でローン引き落とし口座の開設が必要かどうか確認しましょう。

事前に決済日等の打合せをする

ローン本審査が終わったら、銀行と住宅ローンの契約を締結します。その契約が**金銭消費貸借契約**（金消契約）です。金消契約では、借入期間、返済日、借入金利等が取り決められています。**決済日**＊が決まらなければ実際の返済金利も確定できないため、ローン本審査承認後は事前に売主－仲介担当者－司法書士と決済日等の打合せをしておきます。

決済日が確定したら銀行担当者に連絡をして、金消契約締結日の予約をします。決済日の一週間前には金消契約を終わらせておきましょう。必要書類等を準備して銀行で行うため、基本的には窓口が営業している平日に行います。

契約時には、借入者が返済不可となった際の債権回収のために抵当権設定契約書等も同時に締結します。

「期限の利益の喪失」とは

抵当権設定契約書には「第一順位の抵当権を設定する」

✅ 金消契約時必要書類

☑ 実印　　　　　☑ 印鑑証明書（1通）　　☑ 契約印紙

☑ 住民票　2通（ローン契約用・登記用）

☑ 本人確認書類（免許証、パスポート等）　　☑ 通帳、銀行届出印

等の記載があります。抵当権の順位は債務弁済を優先的に受けられる順番であり、住宅ローンを組む場合、金融機関は必ず第一順位に抵当権を設定します。

また、抵当権設定契約書には、「**期限の利益の喪失**」という言葉が出てきます。**期限の利益とは、債務者にとっての借入期間のこと。**その借入期間の期日まで、債務を返済しなくてもいいという期間的な利益を得ているという考え方です。逆に期限の利益が喪失されるということは、借入期日前に債務が履行されるということになります。

たとえば、35年の住宅ローンを借りているのに20年目で期限の利益を喪失してしまった場合、残りの15年分についてはその時点で全額返済する必要があります。期限の利益が喪失されるケースは、債務者が破産・毎月の返済期日の不払い・金消契約違反等が考えられます。

借入期間の計算法

基本的に住宅ローンの最長借入期間は35年ですが、**築年数が古くなると最長借入期間での借り入れができないこともあります。**借入期間が短くなると、毎月の返済額が加算されるため、年収に対しての返済比率が高くなります。

当然、返済比率が高くなると審査が厳しくなるため、築年数の長い（30年超）築古戸建の場合は、住宅ローンの借り入れが難しくなるのです。ただし、すべての金融機関で同じ借入期間を設定しているわけではないので、一つの金融機関でローン審査に通らなかったからといって、他の金融機関も同様だとは限りません。

🔖 抵当権設定契約書

金融機関が物件を担保とするため抵当権を設定する契約書のこと。住宅ローンを借りる際に金融機関が購入する物件を担保として融資するため、金融機関が物件に抵当権を設定する契約を取り交わす

🎓 全額返済できない場合

期限の利益を喪失すると債務者は全額返済する義務がありますが、実際はお金を返せる状態にはありません。そこで、抵当権を設定した物件を競売（224〜227ページ）にかけることで、債権者は貸したお金を回収します。

📝 Conclusion

① ローン本審査が終わったら決済を行う日を確定させる

② 期限の利益を喪失すると全額返済する必要がある

③ 築年数が古くなると借入期間が短くなってしまう

7 借入期間と限度額の計算方法

Check Point

✓ 住宅ローン借入最長期間は35年

✓ 年齢や物件の古さによって借入期間が異なる

借入時の年齢や築年数で借入期間が変わる

住宅ローンの最長借入期間は35年ですが、住宅ローン借入時の年齢や購入する不動産の築年数によっては最長借入期間では借入できないことがあります。

● **完済年齢による借入期間**

一部の都市銀行では借入者のローン完済時の年齢の上限に基準を設けています。

 計算しよう！

例題 **ローン完済年齢80歳 50歳時に借入れ**
80歳−50歳＝30年（借入期間）

● **築年数による借入期間**

一部の都市銀行では物件の築年数により借入限度額の基準を設けてます。築年数が古い物件になるほど住宅ローンの借入期間が短くなります。

> ➕➖ **中古マンションの公式**
> ✖➗
>
> # 60年−築年数＝借入期間
>
> ※金融機関によっては60年でなく50年から築年数を引く場合もある
>
> 例題 **築年数35年の中古マンション**
> 60年−35年＝25年（借入期間）

中古戸建ての公式

25年−築年数＝借入期間

※借入者の属性次第では、上記の借入期間以上でローンを組めることもある

例題 **築10年の中古戸建**
25年−10年＝15年（借入期間）

借入期間によって返済比率が変わる

　年収に対して年間の住宅ローン返済額の割合を示したものが返済比率です。借入期間が短くなると毎月の返済額が高くなり、年収に対してのローン返済比率が高くなるため注意が必要です。基準となる返済比率をオーバーすると、ローン審査がNGになったり、希望する借入額や借入期間が通らなくなったりします。年収や金融機関により異なりますが、30％を基準としているケースが多いようです。

　また、金融機関によっては審査金利を設けています。審査金利とは、住宅ローン審査上の金利で実際の金利よりも高めに返済比率を計算すること。高めに設定するのは、金利上昇リスクや借入者のローン返済余力を見るためです。金利情勢や金融機関によって異なりますが、一部都市銀行では審査金利を3.65％に設定しています。

🌐 住宅ローン
　シミュレーション
https://loan.mamoris.jp/

 計算しよう！

例題 **年収400万円　ローン返済額年間100万円**
100万円÷400万円×100＝25％（返済比率）

 Conclusion

❶ 実際のローン金利と審査上の金利は異なる

❷ 年収等により返済比率の基準が異なる

❸ 借入期間が短くなれば毎月の返済額も高くなる

返済比率と審査金利

返済比率は年収に対する1年間のローン返済額の割合のことです。金融機関や年収によって返済比率の規定は異なりますが、おおよそ30%程度です。返済比率は以下のように計算できます。

計算しよう！

例題 **年収450万円　毎月返済額9万6,428円　金利1%**

9万6,428円×12カ月＝115万7,136円（年間返済額）
115万7,136円（年間返済額）÷450万円（年収）×100
＝25.7%（返済比率）

金融機関が住宅ローンを審査する際には、審査金利を設けており、その金利をもとに返済比率を計算します。審査金利とは実際にローンが実行される際の金利ではなく、審査するうえでの金利です。

金融機関が審査金利を設けているのもローンの返済に余裕がある人に貸したいからです。ローン返済ができなくなってしまわないように審査上の金利を実際より厳しめにみて、返済比率を計算します。

金融機関によって審査金利は違い、中には審査金利を設けていない金融機関もあります。

ローンを組める金額とローンを組んでもいい金額は人それぞれのライフプランによって変わります。ローンの審査に通ったからといって、実際に返せる余裕があるとは限りません。

きちんと、自身の返せる範囲でローンを組みましょう。

第 **6** 章

不動産の
契約業務について

不動産取引を確定させるには契約を成立させる
必要があります。宅建業者が契約に携わる場合
は必ず契約書を作成します。2020年4月1日よ
り瑕疵担保責任が契約不適合責任に代わったの
で確認しておきましょう。

▶ 契約業務

購入 売却 投資 業者

契約するまでの流れをおさえる

Check Point

☑ 契約の前にローンの事前審査を行う
☑ 契約日前までに疑問点を解消しておく

契約前にローンの事前審査を行う

個人が物件を購入する際には、契約業務の前にローンの事前審査を行います。ローン事前審査の承認が得られないようだと契約自体ができないからです。ローンの事前審査に通った場合は、買主が物件を購入する意思を示すために「買付証明書（購入申込書）」を売主に提出します。

また、買主の条件等に対し売主の応諾等をまとめる場合は、売主より売渡承諾書を記載してもらうケースもあります。

売主および買主の条件がまとまったら契約書類等の作成に移るため、条件等を契約書の特約事項にまとめましょう。

*買付証明書

138ページ

*売渡承諾書

138ページ

契約当日のスケジュール

契約当日は2時間ほどかけて契約業務を行います。まずは、重要事項説明および契約書読み合わせ、その後に手付金授受と書類の記名押印を行います。

重要事項説明および契約書読み合わせ後に質疑応答がはじまりますが、当日までには疑問点を解消しておくことが大切です。担当者が当日前までに重説と契約書の要点を説明しておくことで、売主も買主も難解な専門用語に戸惑うことがなくなるはずです。

買主側と売主側、双方の仲介会社は公平性を保ちましょう。一方的な条件を押し付けてはいけません。

*重要事項説明

140ページ

宅建士が契約をまとめようとして、故意に事実を告げなかったり不実のことを告げることは宅建業法で禁止されています。不動産の専門家として売主買主に公正かつ中立的な立場で条件整理するよう、双方の担当者が互いに連携して業務に従事しなければいけません。

宅建業法第15条（宅地建物取引士の業務処理の原則）

宅地建物取引士は、宅地建物取引業の業務に従事するときは、宅地又は建物の取引の専門家として、購入者等の利益の保護及び円滑な宅地又は建物の流通に資するよう、公正かつ誠実にこの法律に定める事務を行うとともに、宅地建物取引業に関連する業務に従事する者との連携に努めなければならない。

契約の流れ

当日前	STEP1	ローン事前審査を行う（122～127ページ）
	STEP2	買付証明書（購入申込書）を作成する（138ページ）
	STEP3	売渡承諾書を作成する（138ページ）
	STEP4	重要事項説明および契約書類等の作成（140～143ページ）
	STEP5	重説と契約書の要点を事前説明
当日	STEP6	重要事項説明を行う（140ページ）
	STEP7	質疑応答
	STEP8	売買契約（手付金支払い・印鑑等）を行う
後日	STEP9	ローン本審査（128ページ）
	STEP10	金消契約を行う（130ページ）

Conclusion

❶ 買主は購入の意思を示すために「買付証明書」を提出する

❷ 契約当日は重要事項説明書と契約書を読み合わせて記名押印する

❸ 宅建士が故意に事実を告げないことは禁止されている

▶ 買付証明書

購入　　　　賃貸
投資　業者

購入の意思表示を書面で行う

まずは購入する意思を示す

ローンの事前審査で了承がおりたら、**買付証明書（購入申込書）**を作成します。**法的に有効な書類ではありませんが、書面として記入することで購入の意思表示をします。**口頭だけだと発言の有無を巡ってトラブルになるので、書面として残しておくのです。

買付証明書の書式自体は仲介会社によって違いますが、記入後に記名押印して仲介担当者へ渡し、売主仲介会社へ提出することになります。

また、相場とかけ離れた買付証明書が提出されると、仲介担当者の判断で売主に交渉すらできないこともあります。

たとえば、売却希望価格 4000 万円の物件に 2500 万円の買付証明書を提出しても、担当者の判断ではじかれて売主に買付証明書自体が届かないので意味がありません。

条件が複雑な場合は売渡承諾書で意思を確認する

通常の個人間売買で住宅を売却するときは、売主が買主に対し売却意志の書面を作成することはありません。

条件が複雑に絡んでおり、買主の条件等とすり合わせをする必要がある場合に、売主に売渡承諾書を記入してもらうことがあります。

売渡承諾書には、「売却希望価格」「売却の条件」が記載

契約の成立について

買付証明書を記入したからといっても必ずしも契約できるとは限りません。売主がその人には売りたくないと意思を示したら、契約が成立しません。
売主には買主を自由に選ぶ権利があるということです。契約を結んではじめて売買が成立します。

されており、書かれている条件で売却することへの意思表示になります。

買付証明書サンプル

不動産購入申込書

株式会社ユー不動産コンサルタント御中

　　私は、貴社より紹介を受けております後記表示の不動産を下記条件にて購入することを
申し込みますので、その旨貴社に報告いたします。

記

1．購入価格及び支払い条件

　　購入希望価格　＿＿＿＿＿＿＿＿＿＿＿＿＿＿＿＿　円也

　　手付金（本契約締結時支払い）　＿＿＿＿＿＿＿＿＿　円也

**ローンを利用するか
どうかを記入する**

2．融資利用予定（有・無）　＿＿＿＿＿＿＿＿＿＿　円也

3．事前審査（済・未）

4．審査予定・完了機関　＿＿＿＿＿　電話　＿＿＿　担当者　＿＿＿

5．契約締結希望日　　平成　　年　　月　　日

6．引渡し希望日　　　平成　　年　　月　　日

7・

＊本書の有効期限　　平成　　年　　月　　日まで

【本物件の表示】　物件名・所在地　室番号を記載

＿＿＿＿＿＿＿＿＿＿＿＿＿＿＿＿＿

**ローンを利用する場合は、事前審査の
承認がおりているかを記載する。
事前審査に申し込んでいても、承認が
おりていない場合は「済」にはならない**

平成　　年　　月　　日

住所　＿＿＿＿＿＿＿＿＿＿＿

氏名　＿＿＿＿＿＿＿＿＿㊞

＊　本件不動産不動産が国土利用計画法による届出対象不動産の場合には、土地売買
　　等届出書を都道府県知事等に届出ることが義務付けられています。
＊　本書は売買契約書ではありません。元付業者を経由して売主の応諾が得られたら
　　売買契約の締結をしていただきます。

Conclusion

❶ 書面で購入の意思を示すことでトラブルを避ける

❷ 買付証明書を記入したからといって、必ず契約できるわけではない

❸ 条件が複雑に絡んでいるときは売主より売渡承諾書を記入してもらう

第**6**章　不動産の契約業務について

重要事項説明は
わかりやすく説明する

トラブルを避けるため重要事項説明を行う

契約の締結日前には重要事項説明書を作成しておきます。重要事項説明（重説）は、引渡し後のトラブルを避けるためです。重説を行うには、宅建士の免許が必要です。実務では売主仲介会社の宅建士が重説をするケースが多いです。

買主により購入判断に**重要な事項**は変わります。記載必須の事項は基本的には変わりませんが、調査した事項で必要な部分を宅建士の判断で記載するため、宅建士によって重要事項説明書の内容は変わる場合もあります。「調査したが不明である」、「別途、調査費用等がかかる」等もしっかりと当事者に説明する必要があります。

重要な事項
宅建業法35条で重要事項説明書に記載しなければならない事項が決められているが、これはあくまでも最低限の記載事項である

契約当日に説明されることがほとんど

重要事項説明は契約日に行うケースが大半です。はじめて不動産取引をする人にとっては専門用語ばかりで何が重要なのかがあまりわからないかもしれません。

重説の記載事項を上から順番に読んでいき最後に「何か質問はないですか？」と聞かれます。買主の中には何を質問していいかもわからない人が多いので、買主仲介会社の宅建士は要約して買主にわかりやすく説明してあげましょう。契約前日までには、買主仲介者は重説および契約書の要点だけでも説明しておくことが望ましいです。

重要事項説明書に記載する事項

❶対象となる宅地又は建物に直接関係する事項

1. 登記記録に記録された事項
2. 借地権(使用貸借権)付建物の売買等の場合
3. 第三者による対象物件の占有に関する事項
4. 都市計画法・建築基準法等の法令に基づく制限の概要
5. 私道の負担に関する事項
6. 当該宅地建物が造成宅地防災区域内か否か
7. 当該宅地建物が土砂災害警戒区域内か否か
8. 当該宅地建物が津波災害警戒区域内か否か
9. 住宅性能評価を受けた新築住宅である場合
10. 建物についての石綿使用調査結果の記録に関する事項
11. 建物状況調査の結果の概要(既存の住宅のとき)
12. 建物の建築及び維持保全の状況に関する書類の保存の状況・建物の耐震診断に関する事項(既存の建物のとき)
13. 飲用水・ガス・電気の供給施設及び排水施設の整備状況
14. 宅地造成又は建物建築の工事完了時における形状・構造等(未完成物件等の場合)

❷取引条件に関する事項

1. 代金・交換差金及び地代に関する事項
2. 代金・交換差金以外に授受される金銭の額及び授受の目的
3. 契約の解除に関する事項
4. 損害賠償額の予定又は違約金に関する事項
5. 手付金等保全措置の概要(宅地建物取引業者が自ら売主となる場合)
6. 支払金又は預り金の保全措置の概要
7. 金銭の貸借に関する事項
8. 割賦販売の場合
9. 宅地又は建物の瑕疵を担保すべき責任に関する保証保険契約等の措置

❸その他事項

Conclusion

❶ 重要事項説明を行うには宅建士の免許が必要

❷ 調査してもわからない事項は「調査したが不明である」と説明する

❸ 契約当日までには重説・契約書の要点だけでも買主に説明しておく

▶ 契約書

購入　売却　賃貸
投資　業者

宅建業者が関わる場合は必ず書面を用意する

Check Point

- ✅ 宅建業者が仲介や代理、売主となる場合は37条書面（契約書）が必要
- ✅ 事前に買主に告げなければいけない事項を契約書にまとめる

宅建業者が関わる場合は契約書が必要

宅建業者は①売買・交換②売買・交換の仲介③代理④賃貸の仲介となる場合は、決められた事項を記載し宅建士の記名押印をした書面（**37条書面**[*]）を宅建業者が作成し契約当事者に交付しなければいけません。実務では不動産売買契約書に37条書面の記載事項を記載するケースがほとんどです。どんなに高額な物件の売買取引であろうとも、個人同士のやり取りであれば売買契約書は必要ありません。口頭で約束するだけで取引が成立します（**諾成契約**[*]）。その後、お金を渡して所有権移転登記さえすれば取引終了です。

ただし、不動産の専門的な知識を要している宅建士を介して売買契約を締結した方が安心です。のちに紛争になった際に契約を証明するためにも契約書が必要になります。

故意に事実を告げないと損害賠償請求される

契約書を作成する前に、売主に物件状況報告書および告知書の記入をしてもらい、事前に買主に告げなければならない事項があれば契約書にまとめるようにします。

個人間売買で売主が瑕疵担保責任[*]を一切負わないとする特約は有効ですが、**故意に事実を告げない場合は、民法の適用により損害賠償請求される場合があります。**その旨も売主にわかりやすく伝えましょう。

37条書面

宅建業法第37条に記載されている事項。売買契約締結後に遅滞なく宅建士の記名押印し宅建業者が当事者に渡さなければならない書類。実務においては、37条書面で記載しなければならない事項が売買契約書に記載されている

諾成契約

契約の当事者間での合意した意思表示だけで契約が成立すること。宅建業者がからむ不動産取引以外（宅建業法に規定される取引以外）であれば、不動産売買であろうと原則的に当事者間の合意だけで契約が成立する

＊瑕疵担保責任
146ページ

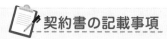 契約書の記載事項

①当事者の氏名および住所
②物件を特定するために必要な所在等
③建物の構造耐力上主要な部分等の状況
④代金又は交換差金の額並びにその支払の時期及び方法
⑤宅地又は建物の引渡しの時期
⑥移転登記の申請の時期
⑦代金及び交換差金以外の金銭の授受に関する定めがあるときは、その額並び
　に当該金銭の授受の時期及び目的
⑧契約の解除に関する定めがあるときは、その内容
⑨損害賠償額の予定又は違約金に関する定めがあるときは、その内容
⑩代金又は交換差金についての金銭の貸借の斡旋に関する定めがある場合にお
　いては、当該斡旋に係る金銭の貸借が成立しないときの措置
⑪天災その他不可抗力による損害の負担に関する定めがあるときは、その内容
⑫当該宅地若しくは建物の瑕疵を担保すべき責任又は当該責任の履行に関して
　講ずべき保証保険契約の締結その他の措置についての定めがあるときは、そ
　の内容
⑬当該宅地又は建物に係る租税その他の公課の負担に関する定め
⑭特約事項等

 契約書作成時の確認事項 ……………………………………………………………

☑ 契約締結予定日および決済(引渡し)期日
☑ 手付金の額および手付解除期日
☑ ローン利用の有無およびローン金額、審査申込金融機関
☑ ローン承認取得期日およびローン解除期日
☑ 確定測量実施するかどうか?
　（実測により登記面積と差異が出た場合の精算の有無）
☑ その他、引渡し条件・当事者間での取り決め事項等
☑ 物件の登記簿謄本

Conclusion

❶ 宅建業者が仲介した場合、37条書面を作成する

❷ 個人間での売買であっても仲介業者がいた方がいい

❸ 故意に瑕疵を告げないと損害賠償請求される可能性がある

▶ 契約解除

5

違約金は
契約によって変わる

Check Point

✓ 契約で取決めた期日を過ぎると債務不履行となる
✓ 約定期日が過ぎる前に当事者間で合意書を作成しておく

債務不履行の場合、契約解除が可能

債務

契約で取り決めた
事項を相手方に履
行する義務のこと

　売主または買主が債務不履行の場合は、自己の**債務**を履行し、契約解除ができます。

　買主の債務不履行とは、売主側が物件引渡しをいつでも可能な状態で準備しているにもかかわらず、期日を過ぎても代金を支払わないときのこと。売主の債務不履行とは、代金をいつでも支払える状態で準備しているが期日を過ぎても物件を引き渡そうとしないときのことを指します。

違約解除になったときの違約金

　違約解除になった場合は、契約を解除するとともに相手方に契約で取り決めた違約金を請求できます。

契約解除一覧

解除理由	期日	違約金等	解除条件
手付解除	契約書で取り決めた日付	手付金の額	手付解除期日まで
ローン解除	契約書で取り決めた日付	なし	ローン不承認
違約解除	契約書で取り決めた日付	契約書で取り決めた金額	債務不履行
滅失毀損	引渡し前まで	修復し引き渡すか白紙解除	天災地変等
反社会勢力の排除	なし	売買代金の20%	契約関係者が反社会的勢力の場合

違約解除が認められるのは、相手が故意に債務を履行しなかった場合です。違約金の額に関しては契約書を作成する前に取り決めておきます。

期日を過ぎると違約金が発生する

　手付解除やローン解除に関しては、期日を過ぎてからの契約解除の申し出は違約解除となり違約金が発生します。

　ただし、当事者間で合意の上で**約定日**[*]を過ぎる前に、「契約の内容に関わらず期限を引き延ばす旨」の合意書を作成した場合は、契約書よりも合意書が優先されます。また、ローンを解除する場合、契約書に書かれた金融機関でなければ、**ローン解除特約**[*]が使えず違約金が発生します。

約定日
契約書で売主と買主で取り決めた当事者間での債務履行する期日のこと

＊ローン解除特約
121ページ

契約書における契約解除の記載箇所

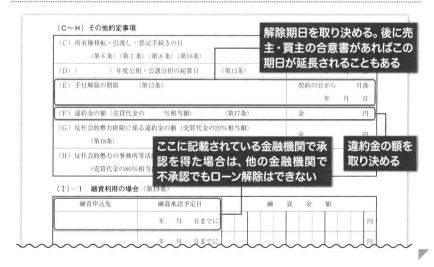

（C〜H）その他約定事項

（C）所有権移転・引渡し・登記手続きの日（第6条）（第7条）（第8条）（第16条）		
（D）（　　　）年度公租・公課分担の起算日（第13条）		
（E）手付解除の期限（第15条）	契約の日から　　月後　　年　　月　　日	
（F）違約金の額（売買代金の　　％相当額）（第17条）	金　　　　　円	
（G）反社会的勢力排除に係る違約金の額（売買代金の20%相当額）（第18条）	金　　　　　円	
（H）反社会的勢力の事務所等活動（売買代金の80%相当）		

（I）－1　融資利用の場合（第19条）

融資申込先	融資承認予定日	融資金額
	年　月　日までに	円
	年　月　日までに	円

解除期日を取り決める。後に売主・買主の合意書があればこの期日が延長されることもある

ここに記載されている金融機関で承認を得た場合は、他の金融機関で不承認でもローン解除はできない

違約金の額を取り決める

Conclusion

❶ 売主・買主が債務不履行の場合は、違約解除となる

❷ 違約解除となった場合は、相手に違約金を請求できる

❸ 合意書を作成した場合は、契約書より合意書が優先される

第**6**章　不動産の契約業務について

145

▶ 契約不適合責任

購入 | 売却 | 賃貸
投資 | 業者

瑕疵担保責任が
契約不適合責任に変わる

契約不適合責任によって何が変わるのか

　民法改正により2020年4月1日から「瑕疵担保責任」という言葉が無くなり「契約不適合責任」に代わりました。

　民法改正前の瑕疵担保責任では、引渡し後に**瑕疵**が見つかった場合は、契約解除か損害賠償請求を要求できました。しかし、契約不適合責任に代わることで、これらに加えて、**追完請求および代金減額請求の権利も加わり、買主がより保護されるようになりました。**

　追完請求権とは、売主に対して「**代替物**の引渡し」または「不足分の引渡し」の請求ができる権利のことです。瑕疵が見つかったからといって、契約解除する必要はなく、その瑕疵の修復等を要求できるようになったのです。

　また、追完請求したにもかかわらず追完履行がされなければ売買代金の減額も要求できます。これが代金減額請求権です。

瑕疵とは何か

　民法改正前の瑕疵担保責任では、売主の過失無過失にかかわらず、契約の目的が達成されない不具合を瑕疵としていました。民法において瑕疵担保責任は、瑕疵を発見してから1年以内であれば売主に請求できるとされています。

　発見してから1年となると、引渡しの何年後でも有効と

瑕疵

欠陥や不具合のこと。不動産売買契約において瑕疵とは目に見えない隠れた瑕疵を前提としていました。契約不適合責任となってからは隠れた瑕疵を前提とせず契約の内容に種類・品質または数量が適合しないこととしています

代替物

種類・品質・数量が契約上の物と同等の物のこと。不動産取引において代替物の定義はないが、価値等が同等の不動産

なってしまうため、売主にとても不利な条文です。そこで、契約の特約事項で瑕疵担保の期間を短くすることは可能です。

しかし、売主が宅建業者の場合は宅建業法が適用され買主に不利な特約は無効とされ、民法の瑕疵担保責任が適用されてしまいます。宅建業法での瑕疵担保責任期間は引渡しから2年とされているため、それ以下の期間で瑕疵担保責任を負わない契約はすべて無効になってしまうのです。

また、宅建業者以外であっても、**特別法**[*]に違反する特約はすべて無効となり、民法が適用されてしまいます。

民法改正前は、給排水管の故障・雨漏れ・白蟻の害などが瑕疵とされることが多くありました。契約不適合責任に改正された場合、どの程度瑕疵の基準が変わるかは今後の判例などを見守る必要があります。

特別法

法律の分類基準の一つ。一般法が広範囲に適用されるのに対し、特別法は特定分野に限った法律。一般法と特別法がかさなる場合は特別法が優先されます

関連する法律	期間	売主	関連条文	備考
民法	瑕疵を知ってから1年		改正民法第566条	契約に取り決めがなかったり、特別法で無効の条文であれば民法が適用
品確法	引渡しから10年	新築住宅宅建業者売主	品確法第95条	新築住宅は構造耐力上主要な部分の瑕疵を負う
宅建業法	引渡しから2年	宅建業者売主	宅建業法第40条	売主業者は2年間の瑕疵責任を負う
商法	引渡しから6カ月	事業者（買主も事業者）	商法526条	引渡しから6カ月以内に検査しなければならない
消費者契約法		事業者等	消費者契約法第8条	瑕疵を負わない条文は無効

瑕疵担保に関する法律一覧

Conclusion

❶ 契約不適合責任では追完請求および代金減額請求の権利が加わった

❷ 売主が宅建業者の場合は、宅建業法で買主不利の特約は無効となる

❸ 売主が事業者の場合、関連する法律が適用される

▶ 解除・停止条件付契約

7 条件付契約で法的効力の発生日が変わる

Check Point
- ☑ 解除条件付契約や停止条件付契約では法律効力の発生日が異なる
- ☑ 解除条件付契約では解除条件が成就すると契約が白紙解除になる

条件付きの契約とは

不動産売買の際に、解除条件付契約または停止条件付契約の条件付きでの契約締結を行うことがあります。

● 解除条件付契約

契約締結により契約上の法的効力は発生していますが、解除条件が成就すると契約締結日にさかのぼって契約自体が白紙解除になる契約です。たとえば、ローン解除条件の場合、ローンの承認が得られないという解除条件が成就すると、契約自体が**白紙解除**になります。

● 停止条件付契約

契約締結時点では法的効力は発生していませんが、停止

白紙解除
白紙解除とは、売買契約がはじめからなかったことになる契約解除のこと。白紙解除になると契約時の手付金や負担金等は返金される

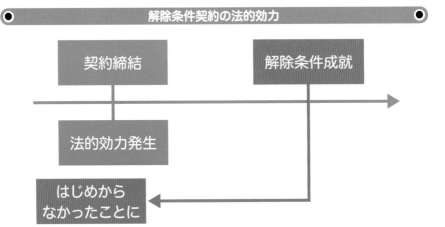

解除条件契約の法的効力

契約締結　　　解除条件成就

法的効力発生

はじめからなかったことに

解除条件契約の例

☐ ローン不承認の契約解除
☐ 自宅買換えによる解除（自宅を売却できなかった場合の解除）

条件が成就すると契約締結日にさかのぼって法的効力が発生する契約です。たとえば、借地権売買で地主の譲渡承諾を条件とした場合、売買契約時点では法的効力が発生しません。地主から譲渡承諾を得るという停止条件が成就すると、契約締結日までさかのぼり法的効力が発生します。

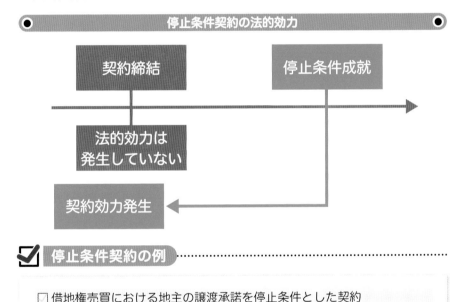

停止条件契約の法的効力

契約締結

停止条件成就

法的効力は発生していない

契約効力発生

 停止条件契約の例

☐ 借地権売買における地主の譲渡承諾を停止条件とした契約
☐ 任意売却における債権者の同意を条件とした契約
☐ 農地売買における転用許可を条件とした契約

 Conclusion

❶ ローン不承認の契約解除などが契約解除付条件にあたる

❷ 停止条件付契約では、停止条件が成就すると法的効力が発生する

❸ 借地権売買における地主の譲渡承諾などが停止条件にあたる

第**6**章 不動産の契約業務について

サラリーマン大家さんは事業者扱い？

　本業でサラリーマンをしながら副業として不動産投資をしている方がいます。会社から給料をもらって不動産投資で得た賃貸収入を確定申告しています。では、不動産投資で収入を得ていれば事業者になるのでしょうか？

　これは適用される特別法での範囲によって異なります。たとえば、消費税が課税される課税事業者かどうかは、個人法人を問わず賃料収入の多寡によって判断されます。

　宅建業法では賃料収入の多寡を問わず宅建業免許は必要ありません（25ページ）。しかし、利益を得る目的で不動産を購入してリフォーム等して付加価値をつけて第三者に転売する場合、売り上げ規模や回数に関係なく事業者という扱いになります。

　ここでいう事業者とは、宅建業という事業を営む者のことです。宅建業を営むには宅建業免許が必要になります。

　消費者保護を目的とした消費者契約法第2条では、消費者の定義を次のように定めています。

消費者契約法第2条（定義）

この法律において「消費者」とは、個人（事業として又は事業のために契約の当事者となる場合におけるものを除く。）をいう。

　つまり、たとえ個人であろうと、事業者は消費者契約法でいう個人にはならないと記載されています。

　消費者契約法は売主が事業者で買主が個人のときに適用される法律です。売主が宅建業者でなくても事業者として扱われている場合は、消費者契約法が適用される可能性があるということになります。

第 7 章

決済・引渡し準備

契約業務まで一通り終わったら決済に移ります。不動産はとても高価なため、大きなお金の動くミスの許されない緊張の瞬間です。決済当日は、買主・売主・仲介会社だけでなく司法書士も立ち会ったうえで行います。

▶ 決済の流れ

まずは決済日・決済場所を調整する

✔ 決済の前に住宅ローン本審査を済ませておく

✔ 司法書士やローン担当者に事前に連絡する

ローンの本審査を済ませておく

*住宅ローン本審査

128ページ

契約が終わるといよいよ決済に移りますが、**その前に済ませておくべきなのが**買主の**住宅ローンの本審査**です。

万が一、買主の住宅ローン本審査承認が下りなかった場合、契約自体が白紙解除になってしまうためです。決済のために行った業務がすべて無駄になってしまいます。

ローンの本審査がおりた場合は、決済時に立ち会ってもらうことになるのでローン担当者の名前等を確認しておきましょう。

決済日・決済場所を調整する

住宅ローン本審査の承認が下りたら、まずは売主と買主で決済日を調整します。決済日にはローンの金消契約や物件の登記も行うため、銀行や**法務局**が空いている平日に決済日を指定するケースがほとんどです。

法務局

登記をしたり登記簿を取得する場所。売買等により所有者等の変更がある場合には、司法書士に依頼し登記内容の変更を法務局に記録します

平日は売主も買主も仕事をしている場合も多いため、ローン本審査が終わったらすぐに連絡しましょう。望ましいのは買主も売主も揃っていることですが、どうしても調整が難しい場合は委任状を売主か買主に書いてもらうことで、第三者が代わりに決済を行うこともあります。

また、登記をお願いする司法書士、**金消契約**をお願いするローン担当者にも事前に連絡をして、日程を調整します。

決済場所については、店舗のある都市銀行等でローンを組んだ場合は、その銀行の会議室などを借りて残代金の決済手続きを行います。ネット銀行の場合は店舗がないため、不動産会社などで行うケースが多いようです。

決済日と決済場所が決まったら、ローン契約をしている金融機関に連絡をし、金融機関との金消契約を締結する段取りに移りましょう。

🡖 決済までの流れ 🡕

STEP1 [買主] 買主の住宅ローン本審査承認（128ページ）
（新築住宅の場合）土地家屋調査士に建物表示登記の依頼
（賃貸からの住替えの場合）賃貸解約連絡を管理会社へする

STEP2 [買主]・[売主] 売主と買主で決済日・決済場所の調整（基本的に平日）

STEP3 決済日（融資実行日）を司法書士および金融機関に連絡（130, 152ページ）

STEP4 決済時の必要書類を伝達し、準備してもらう
（フラット35利用の場合）適合証明書の発行手続き

STEP5 [買主] 引越し日が確定したら、ライフラインの開通、引越し業者の手配

STEP6 [買主]・[売主] 司法書士に登記関係依頼・登記見積書取得（156ページ）
（住宅ローンを組んだ銀行の指定司法書士の場合が多い）

STEP7 [売主] 売主の金融機関に抵当権抹消手続きの連絡

STEP8 [買主] 買主の銀行で住宅ローンの金消契約（130ページ）

STEP9 [買主]・[売主] 精算書作成・残代金等を計算して金種内訳（振込分、現金分の振り分け）を出し売主および買主に連絡

STEP10 [買主]・[売主] 決済（引渡し）、住宅ローン実行

📝 Conclusion

❶ 住宅ローン本審査が下りないと、契約自体が白紙になる

❷ 決済日は銀行や登記所が空いている平日が指定されることが多い

❸ 決済場所には銀行の会議室が使用されることが多い

2

▶ 決済時の準備書類

購入　売却　賃貸　業者

精算書類等の作成をする

Check Point

✅ 関東と関西では、固都税精算の起算日が異なる
✅ フラット35利用の場合、適合証明書を取得しないと融資は実行できない

残金等内訳書

決済日には残金振込先が2箇所必要だったり、売主からの手数料等が残代金から差引いて支払う必要があったりするので、予め残代金等内訳書を作成しておくことで当日あわてずに済む

精算起算日

精算の起算日が関東では1月1日なのに対し、関西では4月1日とする慣習がある

マンションの精算書

マンションの場合は1カ月程度余裕を持って精算書を作成します。オーナーチェンジをするときは、買主が受け取る賃料精算書の作成も忘れないようにしましょう。

フラット35

住宅金融支援機構が提供する民間金融機関を通じて利用できる長期固定金利での住宅ローンのこと

残代金・精算金等を計算する

決済日が確定し登記費用の見積を取得したら、残代金や買主が売主へ支払う精算金、および決済日に必要となる金額を確定させます。そして、決済日に支払うお金の振込と現金の内訳、必要金額の内訳（金種内訳）を、支払先等の関係者に確認して**残金等内訳書**[*]を作成しておきます。

固都税の精算金に関しては、その年の**精算起算日**[*]時点での所有者に納税通知書が送られてきます。売主側への納税通知書の送付前に決済する場合は、新しい所有者になったとしてもその年の納税義務者は売主となります。

仲介会社は領収書を準備する

決済時には売主側から領収書を発行しますが、個人が領収書を発行する機会は滅多にありません。そのため、仲介会社の担当者が決済日までに領収書を作成して、決済当日に売主に記名押印をもらい、買主に渡す流れとなります。

フラット35利用時に必要な書類

フラット35[*]を利用する場合、建物が住宅金融支援機構の定めている技術的基準に達する必要があります。それを証明する書類がフラット35の適合証明書。ローンの本審査が通っても、適合証明書を取得できなければ融資は実行

されません。**適合証明書**を取得するためには建築士に依頼する必要があるため、別途費用がかかります。そもそも適合証明書が取得できない物件もあるため、フラット35を利用する場合は契約前に確認する必要があります。

適合証明書
国が定める技術的基準等に適合していることを証明する書類のこと

不動産豆知識

中古マンションらくらくフラット35を利用する

　中古マンションの場合、「中古マンションらくらくフラット35」に登録されている物件は適合証明の検査を終えています。このサイトに登録済みの物件であれば、適合証明書の取得を省略できる場合があるため、事前に検索しておきましょう。

　もし、登録されていない場合は、敷地図・謄本・建築概要書を建築士に見せて費用を概算してもらいます。

✓ 売主、買主の必要書類

買主	☐住民票　☐印鑑証明書　☐実印　☐身分証明書 ☐銀行届出　☐通帳
売主	☐評価証明書　☐印鑑証明書　☐住民票　☐身分証明書 ☐実印　☐戸籍や付表等（登記記載の住所と住民票が異なる場合）

✓ 仲介会社が準備しておく書類

☐残代金領収書　　☐仲介手数料領収書　　☐引渡し確認書
☐固定資産税・都市計画税の精算書および領収書　　☐残金等内訳書

マンションの場合	☐精算書（管理費・修繕積立金・固定資産税・賃料収入・水道料・ルーフバルコニーの使用料・その他毎月かかる料金） ☐区分所有者変更通知書　☐管理費等引落口座依頼書

Conclusion

❶ 残金等の金種内訳は事前に確認しておく

❷ 領収書は売主に代わり仲介会社が準備しておく

❸ 適合証明書を取得するには建築士への依頼が必要

3

▶ 決済前の手続き

購入 投資 業者

司法書士から登記見積書を取得する

Check Point

✔ 司法書士選定の際は、金融機関や売主宅建業者の指定を確認する
✔ 金消契約は決済日の１週間前までに結ぶ

登記の見積には評価証明書が必要

評価証明書
税額等計算するための基準となる不動産の評価額が記載されている書類のこと

　決済時、最初に必要となる書類が固都税の**評価証明書**です。司法書士に登記の見積りを依頼する際に使用します。また、売主が支払った固定資産税・都市計画税の精算を決済時に行うため、納税額を計算するためにも必要です。

　評価証明書は、市区町村の固定資産税係等（東京都は都税事務所）で取得できます。委任状を売主から受け取ることで、本人以外でも取得可能です。取得した評価証明書の原本は登記で必要となるため決済時に司法書士に渡します。

✔ 司法書士への伝達事項

司法書士に送る資料
☐ 売買契約書　　☐ 売主の住民票　　☐ 売主の印鑑証明書
☐ 売主・買主の身分証明書　　☐ 登記事項証明書　　☐ 評価証明書
☐ 戸籍や付表等（登記記載の住所と住民票が異なる場合）

司法書士に伝えておきべき事項
☐ 売主は住所変更・抵当権抹消登記が必要かどうか
☐ 買主のローン金額
☐ 居住用の建物か投資用の建物か
☐ 居住用軽減が受けられない建物の場合、 　　耐震基準適合証明書を取得予定かどうか

司法書士に依頼するときのポイント

　決済時には、登記の所有権移転とローンの設定を司法書士に依頼する必要があります。その見積もりを依頼するため、決済日が決まったら事前に司法書士を手配しましょう。司法書士の選定の際は、住宅ローンを組む金融機関や売主宅建業者の指定がないか、事前に確認してから依頼します。特に、物件に抵当権がついている場合は、金融機関に司法書士を指定されるケースが多いでしょう。

　司法書士には、金融機関のローン担当者の連絡先も伝えておき、決済当日のお金の流れや抵当権抹消書類の受け渡しの段取り等を事前に打ち合わせしておきます。また、**抵当権**設定をしている物件を購入する場合、決済日までには抹消しなければいけないため、事前にどの程度の期間がかかるかを抵当権設定している金融機関に確認しましょう。

＊抵当権
90, 130ページ

新築住宅の場合、準備しておくこと

＊土地家屋調査士
34ページ

　新築住宅を購入する場合、建物完成後は登記簿がまだ存在しないため、**土地家屋調査士**に表示登記を依頼します。

　建売住宅の場合だと売主が指定する土地家屋調査士となるケースが多くなります。費用はケースにより異なりますが、おおよそ10万円程度です。

　また、住宅ローン控除を受ける際には築年数の基準がありますが、「**耐震基準適合証明書**」を取得しておくことで、その基準年を超えても住宅ローンを受けられます。そのためには、事前に建築士に依頼する必要があります。

耐震基準適合証明書
住宅ローン控除等の税額控除を受ける際に建物の築年数が要件より古い場合に耐震性能を満たしていることを証明するための書類。適合証明技術者登録のある建築士に依頼して発行してもらう

Conclusion

❶司法書士に登記見積りを依頼する際には評価証明書が必要である
❷金消契約時の必要書類は金融機関によって異なる
❸新築住宅の場合は土地家屋調査士に表示登記を依頼する

購入　売却　賃貸
投資　業者

4

決済時は司法書士の
立会いのもと行われる

司法書士の立会いのもと決済を行う

決済当日は、売主・買主・仲介会社・司法書士の立会いの下で行われます。

決済日にはローンの実行手続きを行うため、銀行で決済を行う場合はローン担当者も立ち会います。ネット銀行の場合は、司法書士がローン担当者に電話等で連絡をすることで融資を実行してもらいます。

決済前には、**登記事項証明書**[＊]を再度取得して確認しておきます。決済前に**差押登記**[＊]等がされていた場合、そのままではローン実行できません。

特に、売主の**債務超過**[＊]（売却代金よりもローン残債が多い）による売却の場合は注意が必要です。

本人確認が最も大切

決済時に最も大切なのは本人確認です。当日は必ず「身分証明書」と「印鑑証明」を持参してもらい、司法書士に本人であることを確認してから手続きに入りましょう。

もし、当事者本人が決済時に立ち会えない場合等は、代理人が立ち会います。その際は、必ず「印鑑証明書付きの実印で委任状」を作成してもらいます。決済前には本人の面談と意思確認等をしておく必要があります。

＊登記事項証明書
90ページ

差押登記
ローン滞納等によって金融機関が滞納分のローン回収のために、借入者が勝手に担保不動産を売却しないようにする登記のこと

債務超過
物件の売却代金よりもローンの残債の方が多い状態のこと

決済当日の流れ

STEP1 司法書士が売主・買主の本人確認

STEP2 司法書士立会いのもと登記申請に必要な書類に、売主・買主が記名押印

STEP3 ローン実行手続き
（買主の銀行口座に一時的に融資金額が振り込まれる）

STEP3.5 （ネット銀行、ノンバンク等の場合）
決済場所から買主のローン金額が振り込まれた銀行に移動し、売主口座振り込み分および手数料等の必要額等を振込伝票および引出し伝票に記入して、銀行窓口で手続きを行う

STEP4 残代金支払い・精算金等支払い手続き
（売主口座振り込み分および手数料等の必要額等を、振込伝票および引出し伝票に記入して銀行窓口で手続きを行う）

STEP5 売主口座に残代金入金の確認
（売主口座への残代金入金確認ができるまで待機する）

STEP6 鍵および領収書を売主から買主へ引渡して決済終了

STEP7 引渡し確認書を売主・買主で記入
（日付や時間の記入も行う）

STEP8 売主の抵当権抹消がある場合は、売主の銀行で抵当権抹消の書類を預かり登記申請を司法書士が行う

Conclusion

❶ 決済日には、ローンの融資実行手続きを行う

❷ 売主・買主には「身分証明書」と「印鑑証明」を持参してもらう

❸ 代理人が立ち会う際は、印鑑証明付きの実印で委任状を作成する

5 ▶ 物件の引渡し

引渡し日時を
記録しておく

Check Point

✅ 決済が完了すると所有権が移転する
✅ 物件の引渡しが終わったら、まず部屋の設備を確認する

引渡し日時が重要

不動産売買契約書の条文には、「売買代金を全額支払うと同時に所有権が移転する」と記載があります。

つまり、**所有権移転登記申請**[*]手続き時ではなく、決済が完了（売買代金全額を売主が受領）した時点で、契約上は物件の引渡しが完了したということです。所有権は売主から買主へ移転されています。

決済が終わったら、物件の引渡し確認書を記入します。これは、売主から買主へ所有権が移転した時点を明確にするためです。引渡した日時（決済が完了した時間）は非常に重要なので、必ず記入しましょう。

契約書には「**引渡し前の滅失毀損**」[*]の条文があるため、引渡し前までに天災地変[*]等で建物倒壊等した場合は契約が解除されます。逆に決済が完了した時点で物件を引渡し所有権が移転したことになるので、仮に司法書士の登記申請手続き前に**天災地変**[*]等で建物が倒壊されたとしても、契約解除はできないことになります。

引渡し直後に確認すべきこと

物件の引渡しを終えたら、直後に部屋の設備をまずは確認します。事前に電気等の利用開始手続きをしておくと部屋の確認時に便利です。

所有権登記申請
売買等で登記記録上の所有者が変更になった際に法務局に登記の変更を行う手続きのこと

引渡し前の滅失毀損
契約締結後の物件引渡し前に売主でも買主の責任でもない天災地変等により物件が滅失や毀損等されること。この場合、補修可能な場合は補修して引き渡すか契約解除となります

天災地変
地震や台風等の自然災害のこと

契約時に売主に記入してもらった「設備表」を元に設備の不具合等を確認していきます。個人間での不動産売買の場合は基本的に現状での引渡しとなる場合が多いですが、設備の不具合等を保証してくれる場合もあるため、事前に確認しておくようにしましょう。

売主が宅建業者の場合は、契約不適合責任は引渡しから2年（新築住宅で建物主要構造部は10年）です。雨漏り等は瑕疵にあたるため、担保期間内に指摘します。

設備部分に関しては、エアコン等の不具合は1年間保証するなど、独自にアフターサービス基準を設けていることがあります。決済時にアフターサービス基準書を売主から手渡されることがありますので、内容を確認しながら設備のチェックをしていきましょう。

 決済・引渡し時の注意点

決済時の確認事項
☐ 印鑑証明や住民票等の取得期日が3カ月以内であること
☐ 残置物等の確認や売主買主で取り決めた特約事項
☐ 売主及び買主の必要書類等の確認
☐ 水道、ガス、電気、郵便局等の転出手続き等の確認
☐ 固都税や管理費等の日割り精算

引渡し時の確認事項
☐ 鍵の引渡し・ポストのダイヤル番号の確認
☐ 確定測量等が条件の場合は、実測図等の引渡し
☐ 引渡し確認書の原本への記入押印（それぞれに原本を渡す）
☐ 設備表と物件状況報告書との差異

 Conclusion

❶ 物件の引渡し確認書には、引渡し日時を記入する

❷ 決済完了後に天変地変で建物が倒壊しても契約は解除されない

❸ 宅建業者には、独自に設備のアフターサービスを行うところもある

Column

7

適合証明書の種類

適合証明書とは、物件がある基準に適合していることを証明する書類です。適合証明書は主にフラット35適合証明書と耐震基準適合証明書の2つに分かれており、利用目的が明確に違います。

建築士に適合証明書の作成を依頼する際は、どの適合証明書か（又は利用目的）を明確に伝えるようにしましょう。

● **フラット35適合証明書**

フラット35を利用して住宅ローンを組む場合は、国が定める技術的基準に建物が適合している必要があります。

それを証明するために、購入しようとしている物件のフラット35適合証明書を取得しなければいけません。住宅ローン仮審査の承認を得られたとしても、フラット35適合証明書が取得できなければ、住宅ローン本審査の承認を得ることができません

● **耐震基準適合証明書**

本来、住宅ローン減税や登録免許税軽減等を利用するには、築年数等の要件があります。しかし、購入する物件が築年数の要件を満たしていない場合でも、耐震基準適合証明書を取得できれば税額控除等を受けることができます。利用する控除ごとに原本が必要です。

☑ 耐震基準適合証明書取得による税額控除等

☑ 住宅ローン控除
☑ 登録免許税の軽減
☑ 不動産取得税の軽減
☑ 相続時精算課税選択の特例
☑ 住宅取得等資金に係る贈与税非課税措置
☑ 特定のマイホームを買換えたときの特例

第 **8** 章

不動産関連の
税金について

不動産は購入するのにも売却するのにも税金が
かかります。宅建業者はもちろん、買主や売主も
税金を費用としてあらかじめ計算しておく必要
があります。また、売買が終わった後も不動産を
所有しているだけで税金がかかるので、ランニ
ングコストとしても考えておきましょう。

▶ 売却時の税金

不動産を売却すると譲渡所得税がかかる

不動産売却で得た利益には税金がかかる

🖊 **取得費等**

売却した不動産の購入時の手数料等の取得費、売却時の手数料などの譲渡費用等。これらを建物の減価償却をしたうえで売却代金から差引いた金額が譲渡益となる

🖊 **分離課税**

給料所得等や他の所得等と合算して所得税を計算するのではなく、他の所得等とは分離して計算する課税のこと

　土地や建物などの不動産を売却すると、譲渡所得税がかかります。譲渡所得税とは、売却額から**取得費等**を差し引いた差額分、つまり不動産売却によって得た所得に対して課せられる税金です。譲渡所得税は**分離課税**のため、給与所得などの他の所得税とは分けて計算されます。

　譲渡所得税の計算は他の所得税とは分けて行いますが、他の税金と一緒に確定申告します。確定申告の時期は所有権が移転した翌年です。申告期日（原則として２月16日から３月15日）までには確定申告して支払うようにしましょう。

売却までの期間が重要

　譲渡所得税の税率は、売却するまでの不動産の所有期間によって税率が変わります（右図中段）。

　不動産を売却する年の１月１日現在において、所有期間が５年以下の場合は「短期譲渡所得」、所有期間が５年を超える場合は「長期譲渡所得」という扱いになります。

　また、マイホームを売却する場合は、10年を超える長期譲渡所得で軽減税率を受けることができます。特別控除を適用した上で、6,000万円までの譲渡所得について、税率が軽減されます。

譲渡所得税の公式

購入した時の代金や諸費用等。建物部分は減価償却を差引く。取得費が不明の場合、譲渡価格の5%を概算取得費とする

$$\{ \boxed{譲渡価格} - (\boxed{取得費} + \boxed{譲渡費用}) - \boxed{特別控除} \} × 税率 = 譲渡所得税$$

売却した金額のこと　　譲渡資産を売却する際にかかった費用　　166ページ参照

＊別途、所得税全体に復興特別所得税2.1%が課せられる

 税率一覧

所有期間5年以下の短期譲渡所得
譲渡所得税30％＋住民税9％＝39％

所有期間5年超の長期譲渡所得
譲渡所得税15％＋住民税5％＝20％

● マイホーム売却時のみ受けられる軽減税率
所有期間10年超の長期譲渡所得
6,000万円以下の部分
譲渡所得税10％＋住民税4％＝14％
6,000万円超の部分
譲渡所得税15％＋住民税5％＝20％

 計算しよう！

例題 譲渡価格：3,000万円　　所有期間：8年
取得費：1,800万円（建物800万円（減価償却済み）＋土地1,000万円）
譲渡費用：100万円　　特別控除：なし

{3,000万円－（1,800万円＋100万円）}×20％＝220万円

Conclusion

❶ 譲渡所得税とは、不動産売却によって得た所得に課せられる税金

❷ 譲渡所得税は分離課税のため、他の所得税と分けて計算する

❸ 所有期間が5年を超えると「長期譲渡所得」扱いになる

売却時の特別控除

居住用財産を譲渡した時の3,000万円の特別控除	
制度内容	自宅を売却する際に、所有期間の長短に関係なく譲渡所得から3,000万円まで控除できる制度
適用条件	• 自分が住んでいる家屋、もしくは家屋とともにその敷地や借地権を売ること • 以前に住んでいた家屋や敷地等は、住まなくなった日から3年を経過する日の属する年の12月31日までに売ること（災害によって家屋を滅失した場合も同様）
適用できないケース	• 売った年の前年及び前々年に以下の特例を適用している 　居住用財産を譲渡した時の3,000万円の特別控除 　マイホームを買換えた場合の譲渡損失の損益通算及び繰越控除の特例 　特定の居住用財産の買換え特例 • この特例を受けることだけを目的として入居している • 一時的な目的で入居している • 別荘のように主として趣味、娯楽又は保養のために所有している
住宅ローン控除	売却した年の前後2年以内は利用できない

特定の居住用財産の買換え特例	
制度内容	自宅を売却し買換えたときに譲渡益に対する課税を将来に先送りできる制度（譲渡益が非課税になるわけではない）
適用条件	• 自分が住んでいる家屋、もしくは家屋とともにその敷地や借地権を売ること • 以前に住んでいた家屋や敷地等は、住まなくなった日から3年を経過する日の属する年の12月31日までに売ること（災害によって家屋を滅失した場合も同様） • 居住期間が10年以上、かつ売った年の1月1日時点で所有期間が10年を超えること • 買換える建物の床面積50㎡以上であり、土地面積500㎡以下のもの • 買換えの自宅が築年数25年以内のもの、または耐震基準適合証明書を取得するもの
適用できないケース	• 売った年とその前年及び前前年に以下の特例を適用している 　居住用財産を譲渡した時の3,000万円の特別控除 　所有期間10年超の長期譲渡所得（マイホームを売ったときの軽減税率の特例） 　マイホームを買換えた場合の譲渡損失の損益通算及び繰越控除 • 売却代金が1億円を超えている • この特例を受けることだけを目的として入居している • 一時的な目的で入居している • 別荘のように主として趣味、娯楽又は保養のために保有している • この特例を受けることだけを目的として入居している • 別荘のように主として趣味、娯楽又は保養のために所有している
住宅ローン控除	売却した年の前後2年以内は利用できない

	マイホームを買換えた場合の譲渡損失の損益通算及び繰越控除の特例
制度内容	自宅を売却し買換えたときに譲渡損失が生じたときは、譲渡損失を損益通算することができる。さらに控除しきれなかった分は、翌年以降3年以内に繰越控除ができる
適用条件	• 自分が住んでいる家屋、もしくは家屋とともにその敷地や借地権を売ること • 以前に住んでいた家屋や敷地等は、住まなくなった日から3年を経過する日の属する12月31日までに売ること（災害による家屋を滅失した場合も同様） • 売った年の1月1日時点で所有期間が5年を超えること • 買換えの自宅の床面積が50㎡以上であること • 借入期間10年超の住宅ローンで買換え先の自宅を購入すること
繰越控除が適用できないケース	• 売却する敷地面積が500㎡を超える • 所得金額が3,000万円を超える • 売った年の前年及び前前年に以下の特例を適用している 　居住用資産を譲渡したときの3,000万円の特別控除 　所有期間10年超の長期譲渡所得（マイホームを売った時の軽減税率の特例） 　特定の居住用資産の買換え特例 　マイホームを買換えた場合の譲渡損失の損益通算及び繰越控除の特例 • この特例を受けることだけを目的として入居している • 一時的な目的で入居している • 別荘のように主として趣味、娯楽又は保養のために保有している
損益通算・繰越控除の両方が適用できないケース	• 旧居宅の売主と買主が特別の関係にある場合（親族など） • 旧居宅を売却した年の前年及び前々年に次の特例を適用している 　居住用資産を譲渡した場合の長期譲渡所得の軽減税率の特例 　居住用資産を譲渡した時の3,000万円の特別控除 　特定の居住用資産の買換え・交換した場合の長期譲渡所得の課税の特例 • 売却の年の前年以前3年内の年において「マイホームを買換えた場合の譲渡損失の損益通算の特例」を適用している
住宅ローン控除	併用できる

譲渡損失とは 不動産を売却した際に生じる損失のこと

譲渡所得−（取得費＋譲渡費用）＝譲渡損失（マイナスの場合）

損益通算とは 譲渡損失の金額を、他の所得から差し引くこと

他の所得−譲渡損失＝課税対象額

繰越控除とは 損益通算の結果、課税対象額がマイナスになったとき翌年に繰り越せる

翌年の所得−（譲渡損失−今年の所得）＝翌年の課税対象額

▶ 購入時の税金①

契約から決済までに支払う２種類の税金

✓ 印紙税とは、課税文書を作成するときに必要な税金
✓ 登記簿に登記するときは登録免許税を支払う

建築工事請負契約書

建物の建築やリフォーム工事を依頼する際に、工事を受注した業者と締結する契約書のこと。請負契約書にも印紙貼付が必要である

＊金銭消費貸借

130ページ

不動産購入時にかかる税金とは

　不動産を購入する際にも、購入時にかかる諸費用の中に税金が含まれているものがあります。

　契約・決済前に支払う税金は、次の２種類があります。

● 印紙税

　課税文書を作成するときに必要な税金です。「不動産譲渡契約書」「**建築工事請負契約書**」「金銭消費貸借契約書」を作成するときに貼付する印紙です。

印紙税一覧表

● 不動産売買契約書・工事請負の軽減措置を受けた印紙税			● 金消契約の印紙税	
記載された契約金額		税額	記載された契約金額	税額
不動産譲渡契約書	建設工事請負契約書		10万円超　50万円以下	400円
10万円超 50万円以下	100万円超 200万円以下	200円	50万円超　100万円以下	1,000円
50万円超 100万円以下	200万円超 300万円以下	500円	100万円超　500万円以下	2,000円
100万円超 500万円以下	300万円超 500万円以下	1,000円	500万円超　1,000万円以下	1万円
500万円超え　1,000万円以下		5千円	1,000万円超　5,000万円以下	2万円
1,000万円超　5,000万円以下		1万円	5,000万円超　1億円以下	6万円
5,000万円超　1億円以下		3万円	1億円超　5億円以下	10万円
1億円超　5億円以下		6万円	5億円超　10億円以下	20万円
5億円超　10億円以下		16万円	10億円超　50億円以下	40万円
10億円超　50億円以下		32万円	50億円を超えるもの	60万円
50億円を超えるもの		48万円		

● 登録免許税

登記簿の登記に必要な税金です。登記を依頼する司法書士に登記費用としての手数料とともに登録免許税を支払います。新築時には「所有権保存登記」、登記してある物件を売買したときには「所有権移転登記」、住宅ローンを利用するには「抵当権設定登記」の登録免許税がかかります。

自宅としての購入で**住宅用家屋証明書**を取得できる場合は、登録免許税の軽減が受けられます。住宅用家屋証明書を要請するには、「耐火建築で築25年以内」「木造等で築20年以内」という条件を満たしている必要があります。

耐震基準適合証明書を取得することで、築年数が経過している物件でも軽減税率を適用できることもあります。

住宅用家屋証明書
登録免許税の軽減を受けるために住宅用の家屋であることを証明するために市区町村が発行する証明書のこと

耐震基準適合証明書
現行の建築基準法の耐震基準に適合していることを証明する書類のこと。162ページ参照

🔧 登録免許税の計算方法 🔧

 新築時、登記済物件売買時

登録免許税＝固定資産税評価額 × 税率

 金銭消費貸借契約時

登録免許税＝ローン金額 × 税率

記載された契約金額	税率	軽減税率
所有権保存登記	0.4%	0.15%※
所有権移転登記（建物）	2.0%	0.3%
所有権移転登記（土地）	2.0%	1.5%
抵当権設定登記	0.4%	0.1%

※「認定長期優良住宅」「認定低炭素住宅」の所有権保存登記の軽減税率は0.1%

 計算しよう！

例題　所有権移転登記（建物）　固定資産税評価額：2,000万円　軽減税率あり
2,000万円×0.3％＝6万円（登録免許税）

Conclusion

❶ 司法書士には登記費用として手数料とともに登録免許税を支払う

❷ 住宅用家屋証明書を取得すると登録免許税の軽減が受けられる

❸ 住宅用家屋証明書とは、住宅用の家屋と市区町村が証明したもの

3

決済後には
不動産取得税を支払う

Check Point

✓ 贈与による取得でも不動産取得税が課せられる
✓ 不動産取得税の申告先は地域によって異なる

不動産取得時にかかる税金とは

　不動産購入の契約および決済が終わると、不動産取得税を支払う必要があります。売買だけでなく贈与による取得でも課されますが、相続による取得の場合は不動産取得税が課せられません（相続税が課税される）。

　不動産取得税の申告先は都道府県で、地域によって申告期限も異なります（東京都の場合は30日）。仮に申告しなかったとしても**納税通知書**が届きますが、期限内に申告することが推奨されています。

　一定の条件を満たすことで、軽減措置を受けられます。軽減前の不動産取得税から軽減額を差し引いた額が0以下になると、不動産取得税がかからないということになります。

納税通知書
納税義務者に送られてくる税額や納付期限等が記載された通知書。不動産を取得した場合、都道府県から不動産取得税の納税通知書が送られ1月1日時点での所有者に市区町村から毎年送られてくる

✿ 不動産取得税の計算方法 ✿

家屋（住宅）

不動産取得税＝固定資産税評価額×3％（税率）

家屋（非住宅）

不動産取得税＝固定資産税評価額×4％（税率）

土地

不動産取得税＝（固定資産税評価額×$\frac{1}{2}$）×3％（税率）

✿ 軽減措置を受けた場合の計算方法 ✿

軽減措置を受ける条件

床面積が50㎡〜250㎡
ただし、一戸建て以外の住宅かつ貸家の場合は
床面積が40㎡〜250㎡

＊床面積は登記上の面積
ではなく固定資産税評
価証明書の現況床面積

 家屋（住宅）

不動産取得税＝（固定資産税評価額－控除額）×3％（税率）

認定長期優良住宅の控除額は1,300万円

 土地　　　　　　＊土地の軽減額は①と②で比べて金額の多いほうを採用

（固定資産税評価額 × $\frac{1}{2}$ ）×3％（税率）－軽減額＝不動産取得税

①45,000円
②（1㎡あたりの固定資産税評価額 × $\frac{1}{2}$ ）× 延床面積の2倍（上限200㎡）
　× 取得した住宅の持ち分 ×3％

 計算しよう！

例題 **平成10年築戸建建物　建物床面積90㎡　敷地面積100㎡
建物評価1,000万円　土地評価2,000万円**

（家屋）{1,000万円－1,200万円}×3％＝0（不動産取得税がかからない）
（土地）（2,000万円 × $\frac{1}{2}$ ）×3％＝30万円……①

下記AまたはBのどちらか多い額が土地不動産取得税から控除される

A：4万5,000円
B：{（2,000万円÷100㎡）× $\frac{1}{2}$ }×（90㎡×2倍）×3％＝54万円
　4万5,000円≦54万円　よって54万円……②
30万円－54万円＝0（不動産取得税がかからない）

Conclusion

❶ 相続の場合は、不動産取得税ではなく相続税が課せられる

❷ 家屋でも住宅か非住宅かで取得税の税率が変わる

❸ 不動産取得税は期限内に申告することが推奨されている

4 不動産を所有するだけで固都税がかかる

Check Point

✅ 不動産を所有しているだけで固定資産税・都市計画税がかかる

✅ 道路部分は固定資産税・都市計画税は非課税になる

1月1日時点での所有者に税金がかかる

売買が終わった後も、不動産を所有しているだけで固定資産税・都市計画税（合わせて固都税と呼ぶこともある）がかかります。

毎年1月1日時点での所有者には、5月頃に納税通知書が送られてきます。

物件売却後に前所有者に納税通知書が送られてくることもあるので、決済日にはその年分の納税額を日割精算して買主から売主へ支払います。

道路は非課税となる

道路部分は固定資産税・都市計画税が非課税です。私道で利用している部分に固定資産税が課税されている場合は、申請することで非課税になる場合があります。

 不動産豆知識

固定資産価格は不服申出ができる

固定資産の価格に不服がある場合は、固定資産税を管轄する税事務所へ問い合わせてみましょう。

それでも不服の場合は、固定資産評価審査委員会が各市区町村にあるので

審査申出を行うことができます。

なかには、現存しない家屋の固定資産税が毎年課税されていたということもありました。違和感があるときは確認してみましょう。

また、セットバック[*]で敷地を後退させている場合は、その部分の面積を申請することで非課税になります。

＊セットバック
81ページ

✿ 固都税の軽減措置を受けられる場合 ✿

	固定資産税	都市計画税
小規模住宅用地 （200㎡以下の部分）	課税評価額[※]×$\frac{1}{6}$×1.4% ※課税標準額は固定資産税評価証明書に記載してある	課税標準額×$\frac{1}{3}$×0.3%
一般住宅用地 （200㎡超の部分）	固定資産税評価額×$\frac{1}{3}$×1.4%	固定資産税評価額×$\frac{2}{3}$×0.3%
新築住宅	固定資産税評価額×1.4%×$\frac{1}{2}$	軽減の特例なし
長期優良住宅	固定資産税評価額×1.4%×$\frac{1}{2}$	軽減の特例なし

☑ 新築住宅が軽減を受ける条件

☐ 3階建以上の耐火構造・準耐火構造住宅→新築後5年間
☐ 一般の住宅（上記以外）→新築後3年間
☐ 専用住宅・店舗併用住宅（店舗併用住宅の場合、居住用部分が1／2以上）
☐ 居住部分の課税床面積が一戸につき50㎡以上280㎡以下であること。
　（貸家住宅の場合一戸につき40㎡以上280㎡以下）

☑ 長期優良住宅が軽減を受ける条件

☐ 平成21年6月4日から令和4年3月31日までの間に新築された住宅で、劣化対策、耐震性、可変性等の住宅性能が一定の基準を満たすものとして認定を受けた住宅
☐ 居住部分の床面積が1戸につき50㎡（戸建以外の賃貸住宅については、40㎡）以上280㎡以下
☐ 居住の用に供する家屋
☐ 併用住宅については、居住部分の床面積が全体の2分の1以上
　（ただし、120㎡相当分が減額の対象）

Conclusion

❶ 毎年1月1日時点の不動産所有者に納税通知書が送られてくる

❷ 物件売却後に前所有者に納税通知書が送られてくることがある

❸ 私道やセットバック部分は申請すると非課税になる

▶ 住宅ローン控除

購入　業者

ローン残高に応じて所得から控除される

Check Point

✅ 住宅ローン控除が適用されると。残高の1％が所得から控除される

✅ 住宅ローン控除を受けるには、不動産所得の翌年に確定申告が必要

住宅ローン控除を受ける条件とは

住宅ローン控除とは50㎡以上の居住用物件を購入またはリフォームする際に、住宅ローンを利用すると受けられる制度です。

住宅ローン残高の1％が毎年所得税から控除されます。更に所得税から控除しきれない部分は、翌年度の住民税からも一部控除されます。

住宅ローン控除を受けるには、不動産を取得した翌年に確定申告をする必要があります。2年目以降は年末調整でも可能です。

「住宅取得資金に係る贈与税の非課税措置[*]**」**との併用は可能ですが、「贈与税の非課税措置」を受けた金額分は住宅ローン控除を受けることができません。

住宅取得資金に係る贈与税の非課税措置

父母や祖父母等の直系尊属から自己の居住用住宅の取得や増改築等のための金銭を贈与により取得した場合に、ある条件により贈与税が非課税になる制度

🔍 計算しよう！

例題 **消費税課税対象の建物（売主が法人・宅建業者）の場合**
　　所得税　23万2,500円　住民税　20万円/年
　　年度末ローン残高　4,500万円

4,000万円（対象ローン残高）×1％＝40万円（年間最大控除額）
23万2,500円（元の所得税）－40万円（最大控除額）＝－16万7,500円（所得税）
　　　　　　　　　　　　　　　　　　　　　→所得税は全額控除
20万円（元の住民税）－13万6,500円（最大控除額）＝6万3,500円（住民税）

住宅ローン控除額

売主が個人

控除期間	10年
控除対象ローン限度額	2,000万円
最大控除	2,000万円×1％×10年＝200万円
住民税からの控除上限	9万7,500円／年
入居要件	取得から6カ月以内の入居。令和3年12月31日までの入居

売主が課税業者

控除期間	13年
控除対象ローン限度額	4,000万円※
最大控除	10年間控除率1％、11年目からの3年間は借入残高の1％または建物購入価格の2％÷3のいずれか少ない金額
住民税からの控除上限	13万6,500円／年
契約期間	注文住宅：令和3年9月30日までの契約 その他住宅：令和3年11月30日までの契約
入居要件	取得から6カ月以内の入居。令和4年12月31日までの入居
登記記載床面積の緩和	所得金額1,000万以下の者に限り床面積40㎡以上に緩和

※新築住宅で認定長期優良住宅または認定低炭素住宅は5,000万円

☑ 住宅ローン控除の適用条件

- ☐ 引渡しから6カ月以内の居住
- ☐ 年収3,000万円以下
- ☐ 借入期間が10年以上の住宅ローン
- ☐ 登記記載床面積が50㎡以上
- ☐ 耐火建築物は25年以内、非耐火建築物は築20年以内の建物（耐震基準適合証明書等を取得により適合できる場合あり）

Conclusion

❶ 所得税から控除しきれない分は住民税から控除される

❷「贈与税の非課税措置」を受けた金額分のローン控除は適用されない

❸ 年収3,000万円を超えると住宅ローン控除は適用されない

年をまたいでの建て替えには 固都税が上がる？

　住宅用地として利用している宅地で小規模住宅用地であれば軽減税率が適用され、固定資産税評価額が6分の1になります。

　しかし、固定資産税評価員は1月1日時点での現況の利用状況を見ています。仮に1月1日の時点で建て替えのために更地にしていると、小規模宅地の特例を利用していた場合に一気に固定資産税が上がります。

　ただし、特例措置により建て替えの場合、以下の条件で住宅用地として適用できる場合があります。

☑ 建て替え時に軽減税率を適用する条件

☑当該年度の前年1月1日時点においても住宅用地であった
☑1月1日時点に新築工事に着手している。または建築確認済証を取得して3月末までに新築工事に着手している
☑当該年度の前年1月1日時点と同一の敷地に建物を建築している
☑当該年度の前年1月1日時点と土地所有者が同一人物であること

　注意が必要なのは、年末に解体して1月1日に建築確認が取得できない場合、古家付きの土地を購入して1月1日時点で建築中の場合は特例措置が認められないということです。

　建替えや土地購入後の住宅建築を検討している方は、スケジュールに注意しなければ固都税が上がるため、注意しましょう。

第9章

不動産賃貸について

これまでは売買を中心に説明してきましたが、9章では賃貸について解説します。売買と被っている部分もありますが、入居前の審査や原状回復など賃貸ならではの注意点があるので、確認しておきましょう。

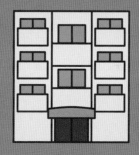

▶ 入居前審査

購入 賃貸
業者

入居にふさわしい
人物か審査される

Check Point

✓ 賃貸申込みから借りるまでには1週間程度かかる
✓ 入居審査の判断基準は、収入や年齢、人間性など

入居までは1週間程度かかる

　　賃貸物件は借りようと思ってすぐに借りられるとは限りません。入居審査などもあるため、入居まで約1週間程度はかかることが多いです。

不動産賃貸の流れ

STEP1 :〈申込書提出〉
入居希望日等記入して申込書を記入。身分証明書をコピーして提出

STEP2 :〈入居前審査〉
保証会社利用の場合は、審査申込書記入。保証会社より本人確認の電話がある
連帯保証人をつける場合、連帯保証人にも本人確認の電話がある

STEP3 :〈重要事項説明〉(140ページ)
賃貸管理会社が通常作成する場合が多い。設備の状況等の説明

STEP4 :契約
通常は重要事項説明と同日に行う。取引条件や退去時の精算等の説明。
東京都の場合、賃貸住宅紛争予防防止条例に基づく説明書が必要。
(退去時の原状回復に関する説明)

STEP5 :申込金振込
契約前に振込、もしくは契約当日に現金を持参するケースが多い。
管理会社によって申込金の支払い条件等異なる

STEP6 :鍵の引渡し
入居日に管理会社に鍵を取りに行って引渡しとなる。契約書記載
の契約開始期間(入居日)が鍵の引渡し日となるので、契約締結日
に鍵がもらえるというわけではない。引っ越しの日程には要注意

入居審査を行う理由

申込書を提出すると、まずは入居前審査が行われます。この審査に通らなければ契約自体ができません。

審査を行う理由は、<u>借主側が借家権によって守られているからです。</u>もし、借主が賃料を滞納するなどトラブルを起こしたりしても、一度部屋を貸してしまうと貸主側は簡単に相手を追い出すことができません。

<u>まずは入居にふさわしい人物かどうか、収入や年齢、人間性などを通して判断します。</u>また、家賃滞納のリスクを減らすために、**連帯保証人**をつけるか、**保証会社**を利用してもらいます。

保証会社の審査もあり、連帯保証人をつけることで審査が承認されることもあります。

連帯保証人
貸主（債権者）に対して借主（債務者）と連帯して債務を負う人のこと。賃料を支払わなかった場合に貸主は連帯保証人に支払いを請求することができます

保証会社
連帯保証人の代わりに借主と連帯して債務を負う会社。借主の属性によっては保証会社が借主に連帯保証人を求めることもあります

☑ 審査時の必要書類

☐ 身分証明書　☐ 保険証　☐ 印鑑証明書　☐ 住民票
☐ 収入を証明する物（源泉徴収、確定申告等）
☐ 緊急連絡先の方の氏名・連絡先等　☐ 保証人を付ける場合は、氏名、連絡先
☐ 預貯金等を証明できるもの（通帳の写し等）

☑ 審査のポイント

☐ 賃料に対しての収入が十分にあるか（収入に対して30％以内の賃料が目安）
☐ 安定した職業がどうか　☐ 国籍　☐ 年齢　☐ 人間的に問題ない方かどうか
☐ 個人信用調査で滞納歴がないかどうか（123ページ）

Conclusion

❶ 申込書には入居希望日を記入する
❷ 借主側は借家権で守られているため、簡単に追い出せない
❸ 家賃滞納のリスクを減らすために保証会社を利用することもある

▶ 初期費用

2 賃貸物件入居時の 費用と注意点

初期費用に要注意

　物件を借りる際は、かかる費用に注意しましょう。家賃だけではなく、敷金や仲介手数料などの初期費用がそれなりにかかります。下図以外にも「引越し代金」や「家具等の購入代金」が必要なケースもあります。賃貸契約をする際には、費用に余裕を持っておくことが大切です。

賃貸管理会社によってかかる費用が変わる

　物件を管理する賃貸管理会社によっては、「部屋の消毒費」や「24時間管理サービス料金」「契約書類作成の事務手数料」等を請求してくる会社もあるので注意しましょう。特に、「契約書類の作成手数料」に関しては、一般的には仲介手数料に含まれています。物件を紹介する仲介会社によ

賃貸契約時にかかる費用	
敷金	退去時の原状回復工事費用等に充てる費用
礼金	貸主に渡すお礼のお金
仲介手数料	仲介した会社に支払う手数料
前家賃	入居時の賃料
火災保険	借主の過失があった場合の費用の補償
保証料	滞納リスクの家賃保証するための保証会社に支払うお金
鍵交換代	入居時に鍵交換する費用

っては、他に本当はもっと良い部屋があるのに**AD**[*]のもらえる部屋だけを紹介したり、**礼金のっけ**[*]をしている可能性もあるので、物件や仲介会社選びには細心の注意を払いましょう。

逆に、賃貸の管理会社が所有している部屋は礼金や仲介手数料がかからないケースもあります。諸費用を少しでも抑えたいときは、あらかじめ募集図面等で概要を確認したり、仲介会社等に費用について確認しておきましょう。

また、UR都市機構や住宅供給公社の賃貸物件であれば敷金は2カ月分必要ですが、仲介手数料や礼金、保証金が一切かからないため、諸費用を安く抑えられます。

入居時のチェックポイント

入居後、1週間以内には設備の不具合等確認と壁や床の傷等を確認しておきましょう。

そして、不具合や傷等があった場合は、メモしておき日付と写真も撮って賃貸管理会社に連絡するようにします。

退去時に借主の過失と言われないためにも、入居時の状況はこまめに記録しておきましょう。

賃賃貸入居時の TODO リスト

- ☐ 引越し日の確認と引越し業者手配
- ☐ 転出届と引越し先の転入届
- ☐ 電気、ガス、水道の利用開始連絡
- ☐ 家具、家電等の新居で利用する物の購入
- ☐ インターネットの利用開始手続き

Conclusion

❶ 賃貸契約をする際は、費用に余裕を持っておく

❷ 仲介会社によって、本来請求されない費用を請求されることも

❸ 退去時に過失と言われないために、入居時の状況をチェックする

✎ AD

なかなか入居が決まらない部屋を営業マンに紹介してもらうために、大家が仲介手数料に加えて支払う広告手数料。半年以上の空室だと家賃5カ月分が出ることも

✎ 礼金のっけ

礼金が本来0円の物件で入居者から礼金を請求すること。もらった礼金は営業の手数料になる

定期借家契約で一時的に部屋を貸し出せる

Check Point

✓ 定期借家契約は2000年３月１日に施行された制度

✓ 定期借家契約は借主が見つかりにくいデメリットもある

定期借家契約とは

賃貸借契約は「普通借家契約」と「定期借家契約」に分けられます。「定期借家契約」は2000年３月１日に施行された制度で、一時的に家を貸したい人が期間を決めて家を貸せるものです。

定期借家契約の場合、賃貸借契約書とは別に「更新が無く期間満了で契約終了する旨の合意書」等の書面があります。賃貸借契約書とは別に書面での説明がない場合は、普通借家契約とみなされます。

定期借家契約と普通借家契約の違い

定期借家契約は貸主にとって、部屋を貸しやすいメリットがあります。普通借家契約では、一度部屋を貸してしまうと借主を追い出すことができません。一時的に家を貸したいと思っていても、借主側から退去を言い出さない限り自分では家を使うことができないのです。

たとえば、海外赴任の３年間だけ家を貸したい人が定期借家契約で賃貸すると、帰国した時にまた自分の家に住めるということです。

定期借家契約のデメリットとは

定期借家契約では契約期間が定まっているため、借主が

定期借家契約の途中解約

定期借家契約でも200㎡未満の居住用であれば、借主のやむを得ない事情（転勤、療養、親の介護等）により住み続けることが困難な場合は、途中解約可能です。また、途中解約可能な旨の特約を締結することも出来ます。

通常の物件に比べて見つかりにくくなります。つまり、賃料を低くしなければ借手が見つかりにくいというデメリットがあります。また、定期借家契約で契約した借主は、転勤ややむを得ない事情等または特約がある場合以外は契約解除を認められておりません。借主にとってもデメリットがあるわけです。

　たとえば、入居者が家賃滞納しがちなトラブルメーカーでも、普通借家契約では簡単に契約解除はできません。そこで、初めから定期借家契約で契約しておくことで、入居者に問題があっても期間満了で契約を終了できます。もちろん、借主に問題がなければ貸主側も長い期間貸し出したいはずです。その場合は、定期借家契約だが再契約も可能である旨を説明することで期間を延長することができます。

契約方式の表		
契約方式	普通借家契約	定期借家契約
契約期間	1年以上 ＊短い場合は期間の定めがない契約とみなされる	定めなし
更新等の有無	更新可能	契約終了 ＊場合により再契約可能
中途解約	可	原則不可 ＊200㎡未満の居住用でやむを得ない事情で可
契約書面等	口頭でも可能	書面による契約および更新がない旨の別紙書面必要
契約終了等の通知	期間満了の1年前から6カ月前までに更新しない旨の通知が必要。よっぽどの正当事由がない限り貸主から更新拒絶できない	期間満了の1年前から6カ月前までに契約が終了する旨の通知が必要

▤✑ Conclusion

❶ 定期借家契約書と別に合意書がないと普通借家契約とみなされる

❷ 定期借家契約なら、貸主側が期間満了で契約を終了できる

❸ 普通借家契約は、貸主側から簡単に契約解除ができない

▶ 賃貸退去

4 契約解除日の連絡日を確認しておく

Check Point

✅ 契約解除日は事前に連絡しておく
✅ 契約解除予定日以内には退去立会いを行う

賃貸契約の解除時は、事前に解約日を連絡する

　借主から賃貸契約を解除する場合、事前に契約解除日を連絡し、契約解除日以内に鍵の引渡しを行います。鍵の引渡し日と同日に室内の退去立会いを行うこともあります。

　解約の連絡日は、賃貸借契約の条項によって異なりますが、通常は解約の1カ月前までに通知するケースが多くなっています。しかし、2カ月前や3カ月前となることもあるので事前に確認をしておきたい事項です。

　また、退去立会いは契約解除予定日より前にすることが多いです。管理会社によっては退去立会いを同日に求める場合もあるので、トラブルを避けるためにも事前に鍵の引渡し日も確認しておきましょう。

┈┈┈┈┈┈┈┈ **賃貸退去の流れ** ┈┈┈┈┈┈┈┈

STEP1：退去予定日を管理会社に連絡
契約書の約定により契約解除日の1カ月から3カ月前に管理会社に連絡する必要がある

⬇

STEP2：退去立会い
管理会社との退去立会い。原状回復工事に関しての過失負担等の確認。鍵の返却

⬇

STEP3：管理会社より原状回復費用の請求
敷金があれば敷金での精算

退去する際の TO DO リスト ………………………………………

☐ 契約解約日の連絡 　　☐ 電気、ガス、水道の解約届
☐ 住民票の転出届け 　　☐ インターネットの解約届
☐ 郵便局の転送届 　　　☐ 火災保険の解約連絡
☐ 引越し業者の手配 　　☐ 粗大ごみ等の処理連絡
☐ 明渡し日(鍵の引渡しおよび退去立会い日)の連絡
☐ その他、銀行やカード等の住所変更手続き
☐ 保証会社の契約解除の連絡

賃貸契約書のサンプル

契約日に物件を引き渡されるわけではない。
引渡し日に鍵をもらえるため、この時期に合わせて引っ越しをする

定期借家契約で途中解約すると違約金がかかることがあるので注意

 Conclusion

❶ 賃貸解除の連絡日は契約によって異なる

❷ 鍵の引渡し日に退去立ち会いを求められることもある

❸ 退去立ち会いでは原状回復について、過失負担の確認をする

5

退去時には
原状回復義務が発生する

Check Point

☑ 原状回復の基準には、国土交通省のガイドラインがある

☑ 特約でガイドラインを超える修繕義務を課すことも可能

善管注意義務

善良なる管理者の注意義務。一般的・客観的に要求される程度の注意義務のこと

賃貸住宅紛争防止条例

賃貸住宅の退去時の原状回復や入居中の修繕をめぐるトラブルを防止するために、あらかじめ書面にて借主に説明する義務を東京都の賃貸借契約で定めた東京都の条例のこと。東京ルールと呼ばれている。令和2年4月1日民法改正され法律に明記されるようになった

国土交通省のガイドラインを参考にする

借主は、退去時に元の状態に修繕する原状回復の義務があります。その基準をつくるために、国土交通省は「原状回復をめぐるトラブルとガイドライン」を定めました。

基準は、借主の故意過失と**善管注意義務**違反です。たとえば、壁紙の日焼けや損耗等は通常の使用で発生するため貸主の負担です。子供の落書きやカビを放置した結果の変色などは借主の負担になります。壁紙の場合、変色させた部分だけ張り替えると、他部分の壁紙と差異がありすぎて原状回復していると言えません。一面部分は残存年数分を借主が負担して、残りを貸主が負担することになります。

壁紙は6年で減価償却するので、3年経過している壁紙であれば、借主の負担は50%ということになります。

東京都では、**賃貸住宅紛争防止条例**に基づき、契約締結時には下記に基づく説明が義務づけられています。

☑ 原状回復の説明義務（東京都）

☑ 退去時における住宅の損耗等の復旧について（原状回復の基本的な考え方）

☑ 住宅の使用及び収益に必要な修繕について（入居中の修繕の基本的な考え方）

☑ 実際の契約における賃借人の負担内容について（特約の有無や内容）

☑ 入居中の設備等の修繕及び維持管理等に関する連絡先

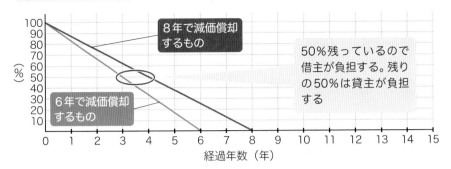

設備等の経過年数と借主の負担割合（耐用年数6年及び8年・定額法の場合）

ただし、ガイドラインは絶対的な基準ではありません。特約で基準を超えた修繕義務を賃借人に負ってもらうことも可能です。この特約は賃借人に法律上・社会通念上とは別の新たな義務を課すため、以下の3つの条件が必要です。

 特約のための3つの条件

☐ 特約の必要性があり、かつ暴利的でないなどの客観的・合理的理由が存在する
☐ 賃借人が特約によって「通常の原状回復義務を超えた修繕等の義務」を負うことについて認識していること
☐ 賃借人が特約による義務負担の意思表示をしていること

入居時にチェックリストを作成する

賃貸借期間が長くなると、入居時の状況が不明になり、退去時の原状回復を巡ったトラブルが増えます。

このようなトラブルを防ぐためには、入居時の状況を借主・貸主共に記録しておくことが大切です。

 入居時の記録

貸主側や管理会社がチェックリストを作成します。照らし合わせて、傷や損耗がある箇所、不具合等を間取り図に借り主が記入します。

 Conclusion

❶ 原状回復の基準は借主の故意過失と善管注意義務違反

❷ 減価償却の残存年数を借主が負担する

❸ 入居時の状況を記録することでトラブルを回避できる

Column

賃貸契約解除時の精算金

　賃貸契約を解除する際に賃貸管理会社に連絡すると精算等の手続きを行います。契約時の条件等で付けているサービスがあれば忘れずに確認して解約の連絡をしましょう。

　管理会社とは別に、借主が個別に連絡することで返金されるお金や違約金等もあるので、下記の表で確認しましょう。

賃貸管理会社が行う精算	
賃料	賃料の支払いは翌月分を当月末に支払っていることが多いため、解約日に日割り精算して返金されます
敷金	契約時に敷金を預け入れている場合は、原状回復費用を敷金から差引いて差額分を精算して返金されます。敷金を預け入れていない場合や原状回復費用が敷金以上になった場合は、原状回復費用等の請求があります

借主が個別に連絡する必要がある精算	
電気、ガス、水道料金等	連絡がない場合は、通常の検針日までの利用料金を請求されてしまいます。また、電力会社によっては1年未満の契約解除は違約金を請求されることがあります。プロパンガスの場合は会社によって保証金を預かっていて解約時に返金されるということもあります
インターネットの解約違約金	利用するプロバイダーによって解約に違約金等が発生する場合があるので、引っ越し先でも利用できるか確認しておきましょう
保証会社の契約解除	保証料は契約時に一度支払いの場合と1年ごとに更新料を支払う場合があります。途中解約でも精算金はありませんが、契約解約の連絡はしておきましょう。
火災保険の解約	火災保険は2年ごとに支払っている場合が多いですが、途中解約の場合には精算して返金されますので忘れずに解約連絡するように

第 10 章

借地権と借地借家法

土地の所有権があれば、その土地の上に建っている建物を自由に売買することが可能です。しかし、借地権の場合は土地利用権なので、土地の持ち主の承諾なく自由な売買はできません。借地権の仕組みについて説明します。

▶ 借地権

借地借家法によって
借地権者は保護される

Check Point

- ☑ 借地権の土地に建った建物は自由に売買できない
- ☑ 借地権は地主から承諾を得ることで譲渡できる

借地権は売買が可能

不動産売買では、基本的に自分の所有している物件を自由に売却できます。しかし、土地の所有権ではなく借地権上での建物の売買は、借地権設定者（地主）の承諾なく自由に行うことができません。

借地権とは、借地借家法によって定められている建物の所有を目的とした地上権又は土地の貸借権のことです。

借地借家法

第二条　この法律において、次の各号に掲げる用語の意義は、当該各号に定めるところによる。
一　借地権　建物の所有を目的とする地上権又は土地の賃借権をいう。

土地利用権を得た者を借地権者と呼びます。また、地主（土地所有者）のことを借地権設定者（底地権者）と呼ぶこともあります。各々が持っている権利を図に表すと下図のようになります。

また、借地権者が第三者に建物を賃貸することもあります。その場合、権利の内訳は下図のようになります。

建物かどうかが重要

建物所有を目的としていなければ借地権にはならないということです。借地借家法の保護を受けられません。たと

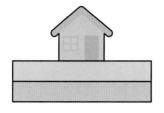

□：借地権者

□：借地権設定者
　（地主・底地権者）

●賃貸の場合

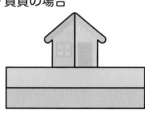

□：借地権者(賃貸人)

□：借家権者(賃借人)

□：借地権設定者
　（地主・底地権者）

えば、ソーラーパネルの設置や立体駐車場を建築する目的
での土地賃貸借契約は、借地借家法の適用を受けません。
建物の定義[＊]に当てはまらない場合は、ただの賃借権という
扱いになります。

＊建物の定義
27ページ

　未登記建物を建物として売買することもあります。しか
し、借地権にあたるかどうかについては、建物が「登記可
能かどうか」によって決まります。

　登記がなければ建物の所有権が明確にならないため、借
地権にはあたりません。借地権が設定されている場合、建
物の登記簿には借地権者の名前、土地の登記簿には借地権
設定者の名前が記載されることになります。ただし、土地
と建物の登記簿謄本の名義人が違うからといって必ずしも
借地権が設定されているとは限りません。借地権ではなく、
使用貸借権のみの契約かもしれないからです。

Conclusion

❶借地権とは、建物の所有を目的とした土地利用権のこと

❷借地権における建物の定義は登記可能かどうかで決まる

❸土地と建物の名義人が違っても借地権が設定されてないことがある

▶ 土地貸借権

借地権の譲渡には
地主の承認が必要

Check Point

✓ 借地権は貸借権と地上権に分けられる
✓ 地上権の場合は、第三者に売却するのに地主の承諾が必要ない

地主の承諾が必要

借地権は、地上権と土地貸借権の2種類に分けられます。地上権が設定されている土地は、土地の所有者の承諾なく自由に売買できます。

しかし、市場で流通している借地権のほとんどは土地貸借権であるため、第三者へ借地権を売却する場合は契約上の**地位譲渡**にあたります。地主の承認が必要です。

土地賃借権である借地権を売買する際は、地主の承諾を得ることを停止条件として契約を締結することが重要です（148ページ）。**契約締結後に地主から承諾を得られずに決済ができなかった場合に、買主から違約と主張されないためです**。ただし、地主が承諾しない場合でも**借地非訟手続き**によって裁判所が許可することもあります。

不動産を売却するときは、所有権に比べて借地権のほうが市場の流通価格が劣る傾向にあります。

🖊️ **地位譲渡**
借地権は、建物所有を目的とした土地の利用権利。その借地権を第三者へ譲渡することは、利用権利を譲渡することになる

＊**借地非訟**
194ページ

借地権の流通価格が劣る理由

❶ **毎月の地代が必要**

❷ **売却するにも地主の承諾と承諾料が必要**

❸ **ローンを利用できる金融機関が限られてくる**

借地権を売却するのに必要な書類

　借地権を売却する際には、その土地に借地権が設定されていることを証明しなければいけません。そのために、以下の３つの書類を用意する必要があります。

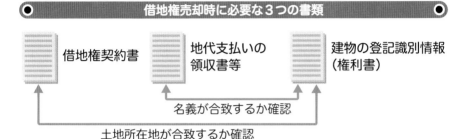

借地権売却時に必要な３つの書類

借地権契約書

地代支払いの領収書等

建物の登記識別情報（権利書）

名義が合致するか確認

土地所在地が合致するか確認

　相続で借地権を引き継いだ場合などでは、借地権契約書を紛失していることがあります。借地権契約書がないと、借地権の契約期間がわからないため、地主から契約書の控えをもらいましょう。もし、地主も借地権契約書を紛失していた場合は、借地権者が住民登録した日程を調べ、その後に地主と借地期間をすり合わせます。

　書類はすべてそろっていても、借地権契約書上の土地所在地と建物登記記載事項に記載されている土地所在地が合致していないこともあります。これは、土地が分筆されていたり合筆されているときに起こりがちです。

　地主が大きな一筆の土地の一部を借地権として設定していたり、借地権設定後に分筆して一部の土地を売却しているケースもあります。土地登記の履歴を調べて、分筆や合筆の時期などを調べておきましょう

Conclusion

❶ 土地貸借権である借地権の売却には地主の承諾が必要

❷ 借地権を売却する際は、借地権が設定されてることを証明する

❸ 借地権契約書を紛失している場合は、地主に連絡する

▶ 借地権のメリット

購入 売却 賃貸
投資 業者

3 借地権には双方にメリットがある

借地権は税金対策になる

借地権には、借地権者と土地所有者の双方にメリットがあります。

借地権者は、半永久的に土地を利用することができます。建物が存続している限りその建物を使用できますし、地主の承諾なく建物を第三者に貸すことができます。地主の承諾が得られれば第三者に譲渡することも可能ですが、許可がおりない場合は借地非訟で裁判所から許可を得られます。

一方で、土地所有者も土地を更地にしておくより、借地権を設定して土地の上に建物を建ててもらうことで、**固都税**や相続税の評価額が下がり、税金が安くなります。

＊固都税
172ページ

借地権設定のメリット・デメリット

	メリット	デメリット
借地権者 （建物所有者）	・土地の固都税がかからない ・土地の不動産取得税がかからない ・所有権の土地よりも安く手に入る ・立地がいい場所に建物を建築できる	・地代が毎月かかる ・更新料がかかる ・所有権と比べると第三者へ売却しにくい ・建て替えの際に承諾料等のお金がかかることがある ・所有権と比べると資産性は低くなる
底地権者 （土地所有者）	・更地にしておくより固都税が安い ・毎月地代が入る ・更新料等の一時金が入る ・土地のメンテナンス等が必要なくなる	・自己使用で土地を使えない ・地代が安いので収益性が低い ・第三者へ売却しにくい （流通性が低い）

借地権をローンできる金融機関は少ない

借地権を購入する際も金融機関でローンを利用するケースが多くなりますが、実は借地権はローンを利用できる金融機関が限られています。借地権をローンで購入する場合、借地権設定承諾書と地主の印鑑証明書を金融機関から求められるため、借地権を売買する場合は事前に書類を取得できるように交渉しておきましょう。

借地権設定承諾書とは、借地権を住宅ローンで利用するにあたり、地主から借地権に**抵当権**を設定する承諾をもらう書類です。

どうしても借地権設定承諾書が取得できない場合は、借地権を現金で購入してもらえる買主を探すか、承諾書なしで借地権に融資してくれる金融機関、ノンバンク等を探すしかありません。フラット35の場合、借地権設定承諾書は必要ありませんが、建物価格部分のみしか融資してくれないため、現金が多く必要となります。

＊抵当権
90ページ

＊フラット35
154ページ

☑ 抵当権設定承諾書の内容

☐ 借地権とその土地上の建物に抵当権を設定すること
☐ 地代滞納があった場合は、銀行に連絡すること
☐ 競売になった場合は競落人にも借地権を継承すること
☐ 地代滞納を理由に借地契約を解除するときは解除する旨をあらかじめ銀行に通知すること

Conclusion

❶ 借地権には双方にメリットもデメリットもある
❷ 借地権のローン設定には借地権設定承諾書が必要
❸ フラット35は建物価格部分しか融資してくれない

▶ 新法借地と旧法借地

新法借地で
借地期間が変わった

Check Point

✓ 借地借家法の施行以前の契約は旧法借地、以後は新法借地と呼ぶ

✓ 旧法借地と新法借地では借地期間が異なる

借地借家法の施行はいつ？

借地借家法は平成4年8月1日に施行された法律です。それ以前は、借地法と借家法に分かれていました。借地借家法の施行前までに借地契約をした場合は旧法借地、それ以降に初めて借地契約をした場合は新法借地と呼びます。

借地権の譲渡が平成4年8月1日以降に行われたとしても、借地権の契約がそれ以前に行われていたのであれば旧借地法が適用されます。

旧法借地と新法借地の違い

旧法借地と新法借地の主な違いは借地期間です。

旧法借地の場合は**堅固建物**(RC造、鉄骨造等)と**非堅固建物**(木造等)で当初設定の契約期間と更新後の契約期間が区分されております。堅固建物30年以上(更新後30年以上)、非堅固建物20年以上(更新後20年以上)とし、それ以下の短い契約期間は期間の定めのないものとみなされ堅固建物60年(更新後30年)、非堅固建物30年(更新後20年)とされる可能性があります。

一方で、新法借地の場合は堅固建物と非堅固建物の区分はなく、借地期間は一律で決まっています。最初の契約は30年、次の更新は20年、その次の更新は10年と借地期間はどんどん短くなっていきます。

＊法定更新

198ページ

堅固建物

鉄骨造や鉄筋コンクリート造等の構造の建物

非堅固建物

軽量鉄骨造や木造等の構造の建物

定期借地権が制定された

　新法借地では新たに定期借地権が制定されました。<u>定期借地権とは、法定更新がなく期間満了で消滅する借地権のこと</u>です。借地権者にとっては従来の借地権よりも権利金が低額で、地主にとっても土地が期間満了で確実に戻ってくることから、双方にメリットのあるケースが多いです。

　<u>定期借地権契約を結ぶ場合、借地権者は期間が終了するまでに土地を更地にしなければいけません。</u>

　一般定期借地権・事業用定期借地権の契約を結ぶ際は、必ず公正証書による契約書が必要です。公正証書がないと、普通借地権とみなされる可能性があるので注意が必要です。

一般定期借地権

建物の利用用途は限られておらず借地期間を50年以上とし、契約期間終了により原則的に借地人は更地にして土地を返還する借地契約。

**事業用
定期借地権**

事業用建物所有を目的とした借地期間を10年以上50年未満とし、契約期間終了により原則的に借地人は更地にして土地を返還する借地契約。

新旧借地期間の比較

<table>
<tr><th colspan="4"></th><th rowspan="2">設定当初の
存続期間</th><th colspan="2">更新後の存続期間</th></tr>
<tr><th colspan="4"></th><th>最初の更新</th><th>2回目以降の更新</th></tr>
<tr><td rowspan="4">借地権
（旧法借地）</td><td rowspan="4">旧法上の
借地権</td><td rowspan="2">堅固建物</td><td>期間の定めをする場合</td><td>30年以上</td><td>30年以上</td><td></td></tr>
<tr><td>期間の定めのない場合</td><td>60年</td><td>30年</td><td></td></tr>
<tr><td rowspan="2">非堅固建物</td><td>期間の定めをする場合</td><td>20年以上</td><td>20年以上</td><td></td></tr>
<tr><td>期間の定めのない場合</td><td>30年</td><td>20年</td><td></td></tr>
<tr><td rowspan="5">借地借家法
（新法借地）</td><td rowspan="2">普通借地権</td><td colspan="2">期間の定めをする場合</td><td>30年以上</td><td>20年以上</td><td>10年以上</td></tr>
<tr><td colspan="2">期間の定めのない場合</td><td>30年</td><td>20年</td><td>10年</td></tr>
<tr><td rowspan="3">定期
借地権</td><td colspan="2">一般定期借地権</td><td>50年以上</td><td colspan="2">更新なし。期間満了後は建物を解体し、土地を明け渡し</td></tr>
<tr><td colspan="2">建物譲渡特約付借地権</td><td>30年以上</td><td colspan="2">建物譲渡により借地権は消滅</td></tr>
<tr><td colspan="2">事業用定期借地権</td><td>10年以上
50年未満</td><td colspan="2">更新なし。期間満了後は建物を解体し、土地を明け渡し</td></tr>
</table>

Conclusion

❶ 新たな借地借家法は平成4年8月1日に施行された

❷ 新法借地では、新たに定期借地権が制定された

❸ 一般定期借地権・事業用定期借地権には公正証書が必要

5 ▶ 借地権の更新

お互いに合意がないと 法定更新になる

Check Point

✓ 借地権の更新には「合意更新」と「法定更新」の２種類がある

✓ 法定更新される時点で信頼関係はすでに崩れている

合意更新と法定更新の違い

　借地権の更新には、「合意更新」と「法定更新」の２種類があります。合意更新はお互いが合意したうえでの更新なのに対して、法定更新は自動的に契約期間が更新されます。更新料の支払い義務等の借地借家法の条文がないため、契約の特約事項で支払いを明記していなければ、法定更新の際に法律上は更新料を支払う必要はありません。

　更新料の支払いがないことは地主にとって契約解除の原因になりえますが、実際の契約解除は簡単ではありません。それだけ借地権者の権利が保護されています。しかし、あまりにも高額な更新料でない限り、トラブルを避けるために応じたほうが良いでしょう。

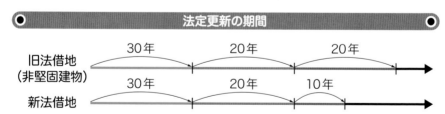

法定更新の期間

旧法借地（非堅固建物）	30年	20年	20年
新法借地	30年	20年	10年

建物朽廃と老朽化の違い

🖊 **腐朽損壊**

基礎、柱、梁等がいちじるしく損壊しており雨や風がしのげず人が住める状態ではないこと。

　旧法借地においては、建物朽廃すると借地期間終了とともに借地権も消滅します。**建物朽廃**とは、自然推移により建物が**腐朽損壊**し、建物自体が経済的社会的効用を失い、

通常の修繕程度では人が住める状態ではないことです。建物が古くなっただけでは「老朽化」と呼ばれる状態で、借地権消滅は認められません。建物朽廃は屋根もなく骨組みだけの状態で修繕しようがない状況などを指しますので、借地権を取り戻したい地主が裁判で建物朽廃を主張しても、借地権消滅はなかなか認められないのが現状です。

　また、地主と借地権者との間で合意更新された場合も、建物朽廃での借地権消滅は認められません。あくまでも法定更新された場合のみ借地権消滅が認められます。

　信頼関係を維持し、更新料支払いの問題も円満に解決させるためには、お互いの立場を理解したうえで合意更新することが大切です。借地権の更新料の相場は更地価格の3％〜5％とされていますが、そこにこだわりすぎずお互いの合意点を見つけ出しましょう。

 老朽化
建物の年数経過により品質や性能が劣っている状況になること。直ちに人が住めない状況ではないが、修繕が必要な状況であること

地主と借地権者の立場

地主の立場

- 更新料をしっかりと借地権者から支払ってもらいたいと思っている
- 借地借家法上では更新料の支払い義務がないことを理解する
- 建物朽廃により借地権消滅を裁判所で認めた事例は少ない
- 譲渡承諾等を拒絶しても借地非訟手続きにより裁判所が地主の代わりに許可できる

借地権者の立場

- 更新料は支払いたくないと思っている
- 借地借家法上では更新料の支払い義務はないことを理解する
- 合意更新しなくても法定更新で地代支払いを続ければ借地権は継続できる
- 法定更新になると建物朽廃で借地権消滅を地主から主張されるリスクがある
- 法定更新になると建て替え承諾や譲渡承諾等を地主から取得しにくくなる

Conclusion

❶ 更新料の支払いがなくても簡単に契約解除はできない

❷ 旧法借地では、建物朽廃すると借地権が消滅する

❸ お互いの立場を理解したうえで合意更新することが大切

▶ 借地権の処理

購入 | 売却 | 賃貸
業者

6

借地権を譲渡する際は承諾料がかかる

Check Point

- ☑ 借地権の土地に建った建物は自由に売買できない
- ☑ 借地権は地主から承諾を得ることで譲渡できる

借地権譲渡における手続き

借地権は他人に譲渡することが可能です。そのためには、土地を持っている地主から承諾を得る必要があります。

譲渡するか否かは売買契約が成立しないと確定しないため、不動産の売買契約書には、地主の承諾が得られることを前提として契約をするよう記載されています。

借地権を譲渡する場合は、地主との契約で定めた「譲渡承諾料」を支払う必要があることもあります。譲渡以外にも、法律上の義務ではありませんが建て替えなどにも承諾料がかかります。これは、土地賃貸借契約上で、借地権の地位を第三者へ譲渡する形になるからです。

譲渡承諾料は地主と借主との間で決めるため、地主が高額の承諾料を請求してくる可能性もあります。しかし、その承諾料が相場より明らかに高い場合は、地主との交渉の余地があります。**それでも話がまとまらない場合には、借地非訟**により裁判所が地主に代わる譲渡承諾の許可を得ることができます。その際の地主への承諾は裁判所で取り決められた金額となります。

*朽廃

198ページ

✐ **借地非訟**

借地契約では、条件変更、建替えや第三者への譲渡には地主の承諾が必要。地主からの承諾を得られない際に、地主に代わる承諾を裁判所が行う手続きのことを借地非訟手続きと呼ぶ

承諾料の相場

譲渡承諾料	借地権価格の10％程度	建て替え承諾料	更地価格の3〜5％程度
条件変更承諾料	更地価格の10％程度	更新承諾料	借地権価格の3〜5％程度

その他の借地権処理方法

　借地権を相続した場合など、借地権者になることで処理に困るケースもあります。売却するにも譲渡承諾料がかかりますし、借地権を持ち続けるためには建物を使わずとも地代を支払い続けることになります。借地権は立派な財産なので、実は譲渡以外にもさまざまな処理方法です。特に、以下の4つの処理方法が代表的なものになります。

底地

所有する土地に借地権が設定されている土地のこと。借地権設定されている土地上の土地利用者を借地権者、その土地の所有者を底地権者と呼ぶ。つまり、底地権者は地主のことである

借地権の処理方法

借地権を地主に買い取ってもらう	第三者へ売却するわけではないので、譲渡承諾料はかからない。地主も自由に土地を扱えるようになるのでメリットもある。しかし、金額が折り合わずに話がまとまらないケースも多い
借地契約の条件を変更	建て替えしてアパート等を建築するなど、借地契約の条件を変更する。建て替え承諾料が必要。地主が条件を変更してくれないケースも多い
借地と**底地**を交換	借地と底地を交換することで、借地権者も地主も双方が借地権の設定されていない土地を手に入れられる。たとえば、100坪の借地権と底地を双方が持っている場合、借地権者も地主も各々50坪の借地と底地を交換することで50坪の土地を借地権なしで手に入れることになる。確定測量した後に、分筆登記することが必要
地主から底地を購入	地主から底地を購入すると、完全な土地所有権として第三者に売却できる。底地を売却してほしいと頼んでも売却してくれるケースは少ないが、逆に地主側から売却を提案してくれるケースがある

Conclusion

❶借地権を譲渡するには「譲渡承諾料」を支払う

❷地主の承諾が得られない場合は、借地非訟を申し立てる

❸借地権は財産なので、さまざまな処理方法がある

定期借地権のマンションの メリット・デメリット

Column 10

定期借地権のマンションが発売されていることがあります。これには、次のようなメリットとデメリットがあります。

✓ メリット

- ☑ 土地代が含まれないため分譲価格が安い（通常の所有権のマンションに比べ、30％〜40％程度安い）
- ☑ 都心部の利便性の高い土地のマンションで採用された販売手法のため、立地が良いことが多い

✓ デメリット

- ☑ 一定期間（50年以上）で「解体」される
- ☑ 土地分の固定資産税は払わなくていいが、「地代」、「解体準備積立金」を加えると、毎月のランニングコストの負担は意外に重い
- ☑ 残存期間（利用可能期間）が短くなると、値段を安くしても売りにくい

これらのマンションを購入する人は、利便性や環境、建物プランの良さなどに比重を置いています。

ただし、東京都心の「定借付」高級マンション即完売（新築）などといっても、中古流通市場ではそこまでの人気がありません。

購入した時点から資産価値がゼロに向かって動き出すため、よほどの立地メリットがない限り厳しいマーケットと言えそうです。

もし、定期借地権のマンションをみたら、安いからと言って飛びつくのではなく、将来のこともよく考えて、専門家に相談するなどしながら慎重に選択しましょう。

不動産投資の
基礎知識

最近では、不動産投資を行う人が増えてきました。11章では、不動産投資の基本的な考え方と指標、判断基準を紹介します。投資である以上、必ずリスクをともなうので、リターンがそのリスクに見合うかどうかを検討しましょう。

1

自分なりの 投資判断基準を持つ

Check Point

✓ 不動産投資を行う前にメリット・デメリットを把握する
✓ 不動産業者の言いなりにならず、自身の判断基準を持つ

不動産投資のリスクとは

📝 **レバレッジ効果**

少ない資金で多くのリターンを得られること。てこの原理とも呼ぶ。たとえば現金1,000万円で利回り10％の投資物件を購入する場合、現金のみで購入する1,000万円の物件では賃料収入は100万円だが、9割の融資で1億円の物件を購入した場合には賃料収入が1,000万円になる。同じ現金1,000万円の投資金額でも融資利用することで得られる収入が変わってくる

＊利回り
208ページ

　不動産投資とは、購入費用以上のリターン（収益）を賃料収入や売却益に期待してお金を投じることです。投資なので当然リスクもあります。メリットとデメリットの両方を把握することで、自分なりの投資判断基準を持つことができます。投資判断基準のポイントは投資した資金に対してのリターンがリスクに見合うかどうかです。

　利回りが高い物件だからといって安心はできません。築年数が古く大幅な修繕が予想されるような物件や賃貸需要が少ない物件もあります。不動産投資をする場合、不動産業者の言いなりになるのではなく、ご自身の判断基準も非常に重要です。

賃貸中物件のメリット・デメリット

　不動産投資では、すでに誰かに賃貸中の物件を購入することもあります。賃貸中の物件のメリットは、すでに貸し出しているため、購入後すぐに賃料収入を得られることです。ただし、賃借人が住んでいるため、室内の状況を確認できないといったデメリットもあります。

　逆に空室であれば、室内状況を確認してから購入できますが、購入後に賃借人が決まるまで賃料収入を得られないデメリットがあります。

メリット	
賃料収入を得られる	人に貸すことで毎月安定して賃料収入を得られる。給料以外の収入を得られることから会社員で不動産投資をする人も多い
節税効果がある	不動産の賃料収入は、給料収入と損益通算することが可能。購入時の諸費用や修繕金等を損失計上することで確定申告により所得税還付されることもある。建物価格が減価償却（211ページ）として経費に計上されるので所得税が圧縮される
生命保険代わりになる	団体信用生命保険に加入してローン購入するとローン契約者が死亡した場合に残債がゼロになり、家族に残債なしの不動産を残せる。つまり生命保険としての役割を果たす
レバレッジ効果[*]が得られる	金融機関から借入することで、現金だけで投資するよりも何倍もの投資を行うことができる
地価上昇による売却益	地価上昇局面であれば、購入した価格よりも高く売却が期待できる
デメリット	
空室リスク	空室期間中もローンを払い続けなければならない
室内状況がわからない	賃貸中であれば室内状況を確認せずに購入の判断をしなければならない
修繕費用の負担	賃借人の退去ごとに原状回復工事費用や外壁等の大きな修繕費等の負担がかかる
毎月の管理コスト	賃貸の募集や日々の管理を賃貸管理会社に依頼すると、その費用がかかる
賃借人トラブル	賃料滞納、クレーム、事故物件、住居人同士のトラブル、自殺や自然死等によるリスクもある

第11章
不動産投資の基礎知識

Conclusion

❶ 費用以上の賃料や売却益を期待してお金を投じるのが不動産投資

❷ リターンがリスクに見合うかどうかが判断基準

❸ 賃貸中物件は室内を確認できない

購入 売却 賃貸
投資 業者

3つのステップで投資物件を分析する

✓ まずはエリアの特性を調査し、賃貸需要を把握する
✓ 空室がある場合は、その理由や改善の余地を検討する

分析で市場ニーズを把握する

投資物件として適切かどうか、次の3つのステップで市場ニーズなどを把握して分析します。

● **ステップ1** 市場調査

＊用途地域

26, 103ページ

まずはエリアの特性を把握します。**用途地域*や住民の層*によって賃貸需要は大きく変わります。**

住民の層

ファミリー層が多いのか単身者が多いのか

はじめてのエリアや相場等がまったくわからないエリアでは、不動産のプロでも地元不動産業者数社に直接ヒアリングをします。机上のデータよりも現場の生の声が大切です。賃料相場や賃貸需要等に関しては、地元に精通した不動産会社の情報が最も信頼できます。

都市計画や開発予定等があると人の流れが一気に変わる可能性があるので、投資チャンスと捉えましょう。

✓ **市場調査におけるチェックリスト**

☐ エリアの人口や世帯数　☐ 駅乗客数、電車の本数等　☐ 成約事例等
☐ 近隣の賃貸物件や賃料相場　☐ 主要都市までの所要時間や乗換回数
☐ 近隣での競合物件と空室率　☐ 近隣での建築計画や開発予定地等の調査
☐ 近隣環境等（コンビニやスーパー、商業施設等、商店街の有無や状況等）

● **ステップ2** 物件調査

購入予定の物件の状況を調査します。特に容積率がオー

バーしているなど現行の建築基準法と不適合の建築物（既存不適格建築物）の場合は、金融機関からの担保評価が出にくくなってしまいます。

 物件調査におけるチェックリスト ……………………………………

☐ 現況の賃貸状況　☐ 建物維持管理状況(修繕が必要と思われる箇所がないか)
☐ 各部屋の日当たりや環境等　☐ 駐輪場、駐車場の有無
☐ 駅までの道のり　☐ 周辺環境等

● **ステップ3** **現況分析と改善策等**

退去リスクや近隣との比較をしながら賃料を分析します。**レントロール**を受け取り、空室が目立つようであれば「空室の理由」「募集は適正に行われているか」「改善の余地等はあるか」を検討しましょう。改善の余地等とは、用途変更やリノベーションによって賃貸ターゲットを変えてしまうことです。リノベーション費用はかかりますが、賃貸状況の改善や多少の賃料アップが見込めます。

ただし、売主から渡されるレントロールが必ずしも正しいとは限りません。悪意のある売主の場合、知人を一時的に入居させて、満室にしたり、リフォームが必要な部屋へ入室させないといった行動をとっている可能性もあるため要注意です。

余剰容積率や**余剰敷地**がある物件の場合、建物がどんなに古くても、将来的な建て替え時期まで保有し運営していきキャピタルゲイン（転売益）を見越して投資するのも一つの方法です。不動産のプロが買取ってくれます。

レントロール
各部屋の賃料表のこと。賃貸契約期間やランニングコスト、空室の場合は募集賃料等が記載されています

余剰容積率
敷地で利用されていない容積率のこと。たとえば、400%に対して200%の建物しか建っていない場合、建て替えることで倍の建物が建てられる

余剰敷地
有効活用できる余地がある敷地

 Conclusion

❶ 用途地域や住民の層によって賃貸需要は変わる
❷ 都市計画等があると人の流れが変わるため、投資のチャンス
❸ 悪意のある売主は知人を利用して満室にしていることがある

購入　売却　賃貸
投資　業者

3 表面利回りより実質利回りを重視する

Check Point

✔ 販売図面に記載されているのは、たいていは表面利回り
✔ 実際に手元に入る金額から計算するのが実質利回り

表面利回りだけで判断するのは危険

利回りとは、投資した金額に対する1年あたりの収益の割合のことです。投資を判断する際の重要な目安になります。ただし、**販売図面**等には、たいてい表面利回りが記載されています。単純に家賃収入から購入価格を割っているだけなので、維持費等は考慮されていません。実際に手元に入ってくる割合とは異なるため、表面利回りだけで投資の判断をするのは危険です。表面利回りは、簡易的に計算する際にのみ利用しましょう。

*販売図面
44ページ

✿ 表面利回りの計算式 ✿

$$表面利回り = \frac{年間賃料}{購入価格} \times 100$$

 計算しよう！

例題 物件価格5,000万円　年間家賃収入500万円
　　　500万円 ÷ 5,000万円 × 100 = 10%

実質利回りは自身で計算する

年間の家賃収入から管理費や固都税、ローン支払額等を差し引いて計算すると、実際に毎月手元に入ってくる金額（税引前）がわかります。そこから、購入価格と購入時の

諸経費の合計を割って計算すると、「実質利回り」が算出できます。販売図面に実質利回りが記載されていることもありますが、ローンの支払額が考慮されていません。うのみにせずに自身で一度計算した方がいいでしょう。

✿ 実質利回りの計算式 ✿

$$実質利回り = \frac{（年間賃料 - 年間経費）}{（購入価格 + 購入諸費用）} \times 100$$

 計算しよう！

例題 物件価格5,000万円　年間家賃収入500万円
年間経費250万円　購入諸費用300万円

（500万円 - 250万円）÷（5,000万円 + 300万円）= 4.7%

 年間でかかる費用

毎月かかる費用	
☑ 管理運営費（賃貸管理・建物保守費用等）	☑ 町会費等
☑ 共用部電気・水道代等　☑ ローン返済額	

毎年かかる費用
☑ 固定資産税　☑ 都市計画税　☑ 所得税
（課税所得計算上、ローン支払いの金利部分と建物減価償却費を経費にできる）

定期的にかかってくる費用
☑ 賃借人退去ごとの原状回復工事費用と賃借人募集経費
☑ 設備等の故障による修理費等　☑ 建物の修繕費用等

Conclusion

❶ 表面利回りでは、維持費等は考慮されていない

❷ 表面利回りは簡易的に計算するときのみ利用する

❸ 販売図面に書かれている実質利回りをうのみにしてはいけない

4 ▷ 自己資本収益率

購入　売却　賃貸
投資　業者

不動産投資で使う 2つの指標とは

Check Point

✔ 家賃収入から維持管理費を差し引いたのが純収益
✔ 自己資金に対して得られる年間の収入の割合が自己資本収益率

不動産投資で使われる2つの指標

不動産投資では、利回り以外にも使われる指標があります。それが、「純収益」と「自己資本収益率」です。

「純収益（NOI：Net Operating Income）」とは、家賃収入から維持管理コストを差し引いた純粋な収益です。維持管理コストには、支払金利、減価償却等は含まれません。

❀ 純利益の計算式 ❀

$$純収益＝年間家賃収入－\underset{（管理費、修繕金、固都税等）}{維持管理コスト等}$$

「自己資本収益率（CCR：Cash on Cash Return）」とは、物件購入の際の自己資金に対して、得られる年間の収入（キャッシュフロー）の割合です。

❀ 自己資本収益率の計算式 ❀

$$自己資本収益率＝\frac{（純収益－ローン支払い額）}{自己資金額}×100$$

自己資本収益率を高める3つの方法

*レバレッジ効果
204ページ

自己資本収益率を高める（レバレッジ効果*を高める）には、主に3つの方法があります。

1つ目は、頭金を少なくすること。投下する自己資金が少なくなるため、当然自己資金に対する収益率は上がります。ただし、借入額も高くなるため、純収益は低くなります。また、空室になった際にローンの支払いだけが残るリスクも高くなります。

　2つ目は、ローンの金利を低くすること。ローン支払額が少なくなり、収益率が上がります。金利は借入者の属性や担保評価、そして金融機関によっても変わります。

　3つ目は、借入期間を長くすること。毎月のローン支払額が少なくなります。都市銀行の場合は金利が低く、借入期間は減価償却の残存年数以下となるのが一般的です。ノンバンクの場合は金利が高く、借入期間は減価償却の残存年数を超えて設定することも可能です。

　ただし、残存年数がなくなると、減価償却費を経費として計上できないため所得税が上がります。会計上の不動産資産は土地評価のみになるため、それ以上の借入をしている場合には**債務超過**と判断され、次のローン審査が厳しくなる点にも注意が必要です。

　目先の純収益を上げるだけではなく、長期的なスパンで検討することも大切です。

債務超過
借入額が資産を上回る状態のこと。会計上の資産評価以上の借入がある状態

建物の耐用年数

建物構造	耐用年数
木造	22年
鉄骨造	34年
鉄筋コンクリート造	47年

Conclusion

❶ 純収益の維持管理コストに、支払金利・減価償却費は含まれない

❷ 金利を低くすると、自己資本収益率が上がる

❸ 減価償却の残存年数がなくなると、所得税が上がる

5 管理を委託する会社を選定する

Check Point

- ✔ 家主自ら管理を行うと、手数料がかからなくなる
- ✔ 不動産会社に仲介を依頼しても、空室が続くようなら家主自ら動く

客付け

空室の部屋に借主を見つけること。借主を仲介する不動産業者を客付け業者と呼びます

＊ AD

181ページ

受水槽

各部屋に水を供給するために水をため込むタンクのこと。マンションやビル等で規模が大きくなると水圧等の関係から水を供給できないため、敷地内で受水槽に水を溜めこんで各部屋に水を供給します。受水槽がある建物は、メンテナンス費用がかかります

＊実質利回り

208ページ

投資物件の管理は3つの業務に分けられる

投資物件を賃貸する場合、管理を家主自ら行うか、もしくは管理会社に委託します。委託する場合の手数料は賃料の5～10%が目安です。

家主自ら管理を行えば、手数料がかからないため手取り収入が増えますが、時間に余裕がない場合、管理戸数が多い場合は、プロの管理業者に依頼したほうが良いでしょう。

さまざまなエリアで投資物件を所有している場合には、エリアごとに管理会社を選定する必要性があります。

賃貸物件の管理には、主に右図のように3つの業務があります。

管理会社の得意分野を見極める

投資した不動産で安定的に収益を上げていくには、物件の仲介と管理が非常に重要です。

もし、一つの業者に仲介と管理をまとめて依頼する場合、どちらをメインで行っているか確認します。仲介メインの業者は客付けは強いですが、業者手配等に時間がかかることがあります。管理メインの業者は、客付けが多少弱くても、入居者トラブル等への対応力があります。

どちらがより重要かは物件によって異なります。自分の物件に合った業者に依頼しましょう。

賃貸仲介業務	賃借人の**客付け**業務。不動産会社に依頼していても、空室が続くなら家主自ら動くようにする。たとえば、賃料を下げる、礼金をゼロにする等の対策が可能である。 賃貸仲介の営業は歩合制で動いていることがある。その場合は、仲介手数料のほかに家主からAD（広告費）を出すことで、積極的に営業してくれる	☑ 賃借人募集 ☑ 内覧立会 ☑ 契約書・重説作成およ び説明 ☑ 契約業務 ☑ 入居審査（178ページ）
賃貸管理 （プロパティマネージメント）	入居者等の連絡窓口となり、トラブル対応や業者の手配、契約更新等の業務を行う。 投資物件の購入判断基準として管理会社の選定も重要である。管理会社の選定を間違えると、物件の価値が下がってしまう恐れがある。	☑ 賃料等の徴収 ☑ 入居者のトラブル対応等 ☑ 契約更新業務 ☑ 退去時の入居者立会い ☑ 原状回復工事の業者等の手配
建物維持管理業務 （ビルマネジメント）	建物共有部の清掃、設備や建物自体の保守点検や維持管理等を行う。委託するときは、設備によって費用が変わる点に注意が必要。 たとえば、エレベーターや**受水槽**の有無によって、保守点検費用が変わる。建物規模によっては消防設備点検も必要である。毎月の維持管理コストが変わると、「実質利回り」等も変わる。	☑ 日常清掃 ☑ 設備等保守点検等 ☑ 建物維持管理等

第11章 不動産投資の基礎知識

Conclusion

❶ 管理を委託すると賃料の５〜10パーセントの手数料がかかる

❷ 仲介手数料のほかに広告費を出すと、積極的に営業してくれる

❸ 建物維持管理を委託する場合は、設備によってコストが変わる

Column

11

収支シミュレーション

　不動産投資をする前に、借入期間の簡易的な収支シミュレーションをつくっておきましょう。以下の方法を参考にしてみてください。

 計算しよう！

例題 **ローン借入価格5,000万円　年間賃料500万円**
年間運営管理費等25万円　固都税額40万円

ローン返済額290万円（借入5,000万、金利1.5%、期間20年）
建物減価償却100万円（建物価格2,000万円とし20年償却）

	1年目	2年目	3年目	4年目	5年目
賃料収入	500万円	500万円	500万円	500万円	500万円
管理運営費	25万円	25万円	25万円	25万円	25万円
固都税	40万円	40万円	40万円	40万円	40万円
NOI（純収益）	435万円	435万円	435万円	435万円	435万円
ローン返済額	290万円	290万円	290万円	290万円	290万円
CF（税引前）	145万円	145万円	145万円	145万円	145万円
建物減価償却	100万円	100万円	100万円	100万円	100万円
ローン利息分	73万円	70万円	67万円	64万円	61万円
課税所得 （NOI−減価償却− ローン利息）	262万円	265万円	268万円	271万円	274万円
所得税額 （30%で計算）	78万円	79万円	80万円	81万円	82万円
CF（税引後） 累計	67万円	133万円	198万円	262万円	325万円
ローン残高	4,783万円	4,563万円	4,340万円	4,114万円	3,885万円

＊前年のローン残高−（返済金−利息分）で今年のローン残高を計算している
＊所得税率が一律30%と仮定して計算
＊初年度の購入経費等を考慮していない
＊ローン利息は計算が複雑なのでローンシミュレーションを活用
＊その他経費等を考慮しておりません
＊CF（キャッシュフロー）とは、現金の収支のこと

第12章

不動産業界の実践知識

不動産業界に携わるうえで知っておきたい＋α
の情報を紹介します。土地を安く仕入れて高く
売却する方法や競売の仕組みなどを頭に入れて
おくことで、業界をもっと広い視野から見られ
るようになるでしょう。

▶ 商品化

安く仕入れて 高値で売却する

Check Point

✔ 物件に少し手を加えることで需要が増えることもある

✔ 土地を仕入れて建物を建てて商品化した物件を建売住宅と呼ぶ

需要のない物件を安く購入する

　そのままでは需要のない物件が、少し手を加えることで一般消費者からの需要が増えることがあります。このような物件はいわばダイヤモンドの原石のようなもの。原石をそのまま購入する人は少ないでしょうが、加工されたダイヤモンドは市場で大きな価値を持ちます。たとえば、築年数が古く、設備も間取りも当初から変わらないようなマンションはなかなか買手がつきません。このような物件を安く仕入れ、エリアの需要に合わせた間取りに変更し、設備も一新してリフォームすることで、高値で売却できます。

　ほかにも、入居率が悪かったり修繕等がされていない物件は、賃料収入によるローンの支払いができないので需要が少なくなる傾向にあります。こういった物件を安く仕入れ、修繕したり入居率を上げることで、賃料をアップして購入価格よりも高く販売することができます。

土地から建物を建てて売却する

🖊**リフォームローン**

リフォームを利用するためのローン。住宅ローンとは違い、金利が割高で借入期間も短いですが、無担保で借入できることが多いです

　土地を仕入れ建物を建てて商品化することを建売住宅と呼びます。土地だけでは需要がなくとも、建物を建てることで需要が増えるのです。広大な敷地だと需要が限られるため、土地を分筆して数棟建築したほうが需要が増えます。

　アパートを建築して賃借人を入れて収益アパートとして

販売する業者もいます。土地からアパートを建築して賃借人を募集すると、賃料が入るまで収入なしでローンを支払う必要がありますが、すでに新築して入居者がいる状態であれば購入してすぐに賃料収入が得られるからです。

土地の分筆で稼ぐ方法

　土地は、エリアごとに人気のある面積が決まっています。たとえば、そのエリアで購入される土地の多くが100㎡前後の場合、古家が立っている300㎡の敷地には買い手がつきにくくなります。敷地が広いので価格は上がりますが、1㎡あたりの単価は下がります。

　このような土地を不動産業者が仕入れ、需要のある広さに**分筆**することで、仕入れた単価より販売したときの単価が上がります。広い敷地を持つ個人は宅建業免許を持っていないため、分筆して利益を得られません。不動産業者にのみ許された販売方法だと言えるでしょう。

＊分筆
77ページ

第**12**章

不動産業界の実践知識

分筆で土地の単価を上げる方法

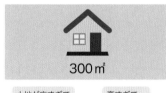
300㎡

分筆

100㎡

100㎡

100㎡

土地が広すぎて余っちゃうなー

高すぎて買えないよ

土地が広すぎると、そのエリアの需要とマッチせずに1㎡あたりの単価が下がってしまうことがある

ちょうど良い大きさの物件を見つけたぞ

このくらいの値段であれば購入できそうだ

分筆することで需要が上がるため、1㎡あたりの単価が上がる

Conclusion

❶ **エリアの需要に合わせてリフォームすると高値で売却できる**

❷ **アパートを新築して賃貸人を入れてから販売する業者もいる**

❸ **土地を分筆することで、購入時より高値で売却できる**

▷ 仕入れ

仕入れに適した
物件の特徴とは

Check Point

✓ ニーズのない物件は安く仕入れられる
✓ 売主の事情次第で相場よりも安く仕入れられることもある

まずは購入する意思を示す

＊買取再販業者
221ページ

　買取再販業者[*]は、やみくもに市場で売れ残っている物件を仕入れるわけではありません。安い値段で仕入れられて、高い値段で売却できる物件を見極めています。

　建物がボロボロだったり敷地が大きすぎたりする物件は、ニーズがないために安く仕入れられます。

　ほかにも、隣接地に越境している、水道管が隣接地を通っている、接道が2m未満など、「再建築ができない訳あり物件」は値段が下がります。隣接地と交渉次第では再建築もできるので、高値で売却できる可能性もあります。

✓ **安く仕入れられる物件**

☐敷地が広い土地(一般消費者では一括で購入できない)
☐残置物が多い物件・ボロボロ(そのままでは買手がいない)
☐隣地ともめている物件　☐権利関係等の調整が必要な物件
☐余剰容積率・余剰敷地　☐**土地値**の物件

🖊**土地値**
建物が建っているのに、土地の値段だけで得られる物件。築年数が古い建物だと古家付土地として売り出されることが多い。解体費等が考慮されている

売主の事情によって仕入れ額が安くなる

　売主が次のような状態に置かれている場合、相場より安い金額で物件を購入することができます。

●**売り急いでいる**

　売却までの期日が決まっている売主。たとえば、相続税

の支払期日までに現金化したいケースや、ダブルローンを避けるために売却したいケースが考えられます。

● 契約後のわずらわしさをなくしたい

住宅ローンの不承認や引渡し後のトラブルなど、買主とのやり取りをわずらわしく思っている売主。主に相続で不動産を所有した人や空家を所有した人に多いようです。

● 売らざるをえない理由がある

利益が出ない不動産を組み換えや資産整理したケース、金融機関から物件を差押えられて**競売**に出しているケースなどがあります。

＊競売
224〜227ページ

買取再販業者の情報収集の方法

買取再販業者は、さまざまなルートから情報収集をしています。たとえば、地元不動産業者は地主の不動産を管理していることが多いため、相続等が発生するとまずはその業者へ相談しに行きます。その結果、相続物件の情報を多く握るわけです。また、住宅地図を片手に街をひたすら歩いて空地や空家の情報を収集し、登記簿謄本で所有者を調べていくこともあります。

このように、直接所有者へアプローチして商品化する物件を仕入れることを「**物上げ**」と呼びます。

物上げ
所有者へ直接アプローチして不動産を売り物にすること。また、不動産事業者が商品化するための売り情報を得ること

サービサー
債権回収会社のこと。住宅ローン滞納が続くと債権者（金融機関）は、サービサーに債権を譲渡したり委任したりして債務者（ローン借入者）から債権回収業務を行う

第**12**章　不動産業界の実践知識

✓ **買取再販業者の情報源** ·······

☐ 地元不動産業者　　☐ 銀行　　　　☐ **サービサー**＊
☐ 弁護士　　　　　　☐ 税理士　　　☐ 競売　　　☐ 登記簿謄本

Conclusion

❶ 再建築できない訳あり物件は安く仕入れられる
❷ 売り急いでいる売主からは安く物件を仕入れられる
❸ 地元の不動産業者は相続物件の情報を握っている

3 ▶ 経費

物件購入の
判断ポイント

Check Point

☑ 数百件情報を集めても、検討できる情報は数件程度
☑ 購入判断のために、まずはエリアの特性を調べる

仕入れた情報を素早く判断する

不動産情報を仕入れても、その情報が使えるとは限りません。実際、**数百件収集してやっと数件検討できる情報に巡り合えるかどうかといった割合**です。

さらに、<u>検討できる情報を見つけたら、事業として採算ベースに乗るかどうかはスピーディーに判断する必要があ</u>ります。仕入れ業者はたくさんある業者の一つにすぎないため、レスポンスが遅いと、次から情報をもらいにくくなるからです。

判断のためのポイント

物件を購入するか判断するためには、まずは仕入れた情報の**エリアの特性**[*]や成約事例等を調べます。自社で扱っている不動産と合わなかったり、需要が見込めそうもないエリアであれば、すぐに購入を見送る判断がつきます。また、ユーザーが住宅ローンを組める物件かどうかも判断のポイントになります。

需要が見込めそうであれば、商品化後にいくらくらいで販売できるか予想を立てます。販売価格から**事業費**[*]や利益率、経費をさし引くことで、仕入れできる価格帯がある程度決まります。**実際の販売価格は条件交渉等で下がることもあるため、少し余裕を持ってシミュレートしましょう。**

🎓 ローンを組める物件

フラット35で住宅ローンを組む場合、登記床面積70㎡以上が条件です。たとえば、建売住宅の不動産事業者が新築住宅を建てるのに、70㎡未満の新築住宅を建築しても需要が少なくなります

＊エリアの特性
82, 206ページ

✏️ 事業費

物件を商品化するまでの改修工事費や建築費等のこと

✿ 購入判断の目安 ✿

商品化後の
販売予想価格 × 戸数 ≧ 仕入れ価格 + 事業費 + 諸経費等

事業者ごとの経費

事業者の種別	業務内容	検討する経費
買取再販業者	主にマンションや戸建てを仕入れてリフォーム等して付加価値をつけて市場で販売する	□内装解体費 □リフォーム費用 □税金、借入金利等 □諸経費(仕入れ時、再販売時) □営業利益
建売業者	土地等を仕入れて分割し、新築住戸を建築して販売する	□解体費 □地盤改良 □土地造成 □分筆、測量 □建物建築 □諸経費(仕入れ時、販売時) □営業利益
マンション開発業者	土地等を仕入れ、新築分譲マンションを企画して販売する	□解体費 □地盤改良 □近隣対策 □建物建築 □諸経費(仕入れ時、販売時) □販売経費 　(広告、営業、モデルルーム) □営業利益

第12章 不動産業界の実践知識

Conclusion

❶ 情報元へのレスポンスが遅いと情報をもらいにくくなる

❷ 需要が見込めないエリアであれば物件の購入を見送る

❸ 販売価格から事業費や利益率、経費を引くと仕入れ価格が決まる

4

22年が木造住宅の寿命とは限らない

Check Point

✔ 木造建物の耐用年数は22年と定められている
✔ 古い建物だから建物の質が劣っているわけではない

建物の寿命はメンテナンス次第

＊耐用年数
211ページ

　一般的に木造住宅の寿命は22年と言われています。実際に、木造建物は減価償却で耐用年数＊が22年と定められていますし、不動産鑑定や税金の計算も同様です。

　しかし、実はこの22年という数字に特別な根拠もありません。戦後間もない頃なら納得できますが、今は日本の建物技術も大きく進歩しています。

　古い建物だからといって、建物の質が劣っているわけではありません。建物の寿命を気にして迷っているお客様がいたら、メンテナンス次第だということを伝えましょう。

	住宅ローン控除を受けるための３つの方法	
1	耐震基準適合証明書を取得	国土交通大臣が定める耐震基準に適合していることについて、建築士等が証明したもの
2	既存住宅性能評価書（耐震等級1以上）を取得	既存住宅性能評価において、耐震等級1以上が確認されたもの
3	既存住宅売買瑕疵保険に加入	住宅瑕疵担保責任保険法人による中古住宅の検査と保証がセットになった保険（既存住宅売買瑕疵保険）に加入していること。 同保険への加入には現行の耐震基準に適合していることが要件とされている

ただし、築年数が経過している建物は、住宅ローンの借入期間に影響が出ます。住宅ローン控除*の適用条件に築20年までという縛りもありますが、左表のうち一つでも条件を満たすと耐震基準が適合しているとみなされ、住宅ローン控除を適用することができます。

＊住宅ローン控除
174ページ

耐震化の必要性

耐震基準を満たしていなければ、耐震基準適合証明などの書類は取得できません。その場合は、住宅ローン控除を受けるために、耐震改修工事をすることになるでしょう。

厄介なのは地震の発生時期が予測できないことです。いつ来るかわからない地震の被害より改修費用のほうが現実的なため躊躇してしまう人もいます。

日本の法律では住宅の耐震化は義務ではありません。地震の防災というと、避難グッズや家具の転倒防止を思い浮かべるかもしれません。しかし、地震によって家屋が倒壊してしまえば、それだけで自身や家族の命にも大きな危険が及びます。耐震基準を満たしていない中古戸建てをお客様が購入する際は、耐震改修にお金がかかることを前提に取引を進めるようアドバイスしましょう。

中古住宅の流通は活性化していく

中古住宅の流通量は新築住宅と比べると低い状態です。そこで中古住宅の流通を促進するために建物状況調査*の斡旋の有無を契約書に記載するようになりました。今後は、古くても良い物件は正当に評価されていくと思います。

＊建物状況調査
228ページ

第12章 不動産業界の実践知識

Conclusion

❶築年数が古いと、ローンの借入期間に影響が出る

❷日本の法律では住宅の耐震化の義務はない

❸耐震は命に関わるため、費用がかかるからと躊躇すべきではない

競売で物件を
仕入れる

Check Point

✅ 抵当権で差し押さえられた物件は競売にかけられる
✅ 物件が差し押さえられると、執行官と不動産鑑定士で調査を行う

競売の売却代金は債務返済にあてられる

　住宅ローンを組んだ場合、購入した物件に抵当権が設定されます。ローンを借りていた債務者が返済できなくなると、抵当権設定者が裁判所に申し立てをして担保としている不動産を差し押さえます。**差し押さえられた物件は競売にかけられ、売却代金が債務返済に充てられます。**

　なお、住宅ローンを組む際には保証会社を利用するケースが多いため、融資した金融機関ではなく保証会社が**抵当権設定者**になるケースがほとんどです。

競売を開始するまでの流れ

　住宅ローンを借りた債務者のローン返済が滞ると、金融機関から督促等が届きます。催促からさらに返済しない期間が数カ月続くと、「期限の利益」が喪失されます。

　期限の利益が喪失すると、まず金融機関から保証会社へ債権が譲渡され、保証会社から金融機関へ**代位弁済**が行われます。そして、保証会社や**サービサー**から債務者に一括返済を求める書類が送られ、裁判所による担保物件の差押え手続き・競売手続きが進んでいきます。

　物件が差し押さえられると、裁判所の執行官と不動産鑑定士は、担保物件の調査に行きます。俗に3点セットと言われる競売の資料を作成するためです。

＊抵当権設定者
90, 130ページ

＊期限の利益
130ページ

🖋 代位弁済
ローン借入者（債務者）に代わって保証会社等が金融機関（債権者）へ返済すること。住宅ローン返済滞納が続くと保証会社より代位弁済が行われ保証会社はローン借入者（債務者）に対して債務返済の求償権を得て保証会社より督促が届くようになります

＊サービサー
219ページ

競売に関する3点セット

□物件明細書　　　□現況調査報告書　　　□評価書*

現況調査報告書には、部屋の占有者等へのヒアリング事項、室内状況の写真が掲載されています。しかし、夜逃げや居留守によって室内を調査できないこともあります。

そのような場合は、<u>執行官の職権により鍵屋に鍵を解除してもらい室内に入ることが可能です</u>。仮に室内にいる人が執行官や不動産鑑定士の立ち入り等を拒否したり妨害すると、公務執行妨害に当たる可能性があります。現況調査や評価を行うことで、売却の基準価格等が確定します。

評価書

競売物件の売却基準価格となる鑑定評価のこと

競売が開始するまでの流れ

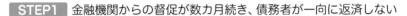

STEP1 金融機関からの督促が数カ月続き、債務者が一向に返済しない

STEP2 金融機関から保証会社へ債権譲渡され、代位弁済

STEP3 期限の利益の喪失(130ページ)

STEP4 保証会社やサービサーが一括返済請求

STEP5 保証会社が裁判所で担保物件の差押え競売手続き

STEP6 裁判所より債務者へ競売開始決定通知が届く

STEP7 担保物件差押登記

STEP8 執行官や不動産鑑定士の現況調査

STEP9 広告・競売開始・入札(226ページ)

第**12**章

不動産業界の実践知識

Conclusion

❶ 抵当権設定者は保証会社になるケースがほとんど

❷ 期限の利益が喪失すると、金融機関から保証会社へ債権を譲渡する

❸ 執行官の職権により、鍵を解除して競売物件に入ることが可能

6 競売物件は安いが、リスクに注意する

Check Point

- ✔ 3点セットは誰でも自由に閲覧できる
- ✔ 競売に入札する場合は、保証金を先に入金する

3点セットの閲覧方法

裁判所で競売が公告されると、3点セットを閲覧できるようになります。**裁判所には競売物件の閲覧室があり、3点セットがファイルに閉じられているため、誰でも自由に閲覧できます。**入札に必要な書類もここで受け取ります。裁判所の閲覧室に行かなくてもネットでダウンロードもできます。

入札する場合は、期日内に入札金額に印鑑証明もしくは住民票を添付して渡します。**保証金**も期間内に決められた口座に振り込む必要があります。**保証金の入金が確認できないと入札は無効です。**落札できなかった場合は保証金は返金されます。

代金納付後の注意点

最高額入札者に売却許可がおりると、期日までに代金を納付するよう通知がくるため、入札代金および登記に必要な**登録免許税**を支払います。通常、登記の際は司法書士に手数料を支払いますが、**競売では執行官が職権で登記手続きをするため手数料はかかりません。**

代金が納付されると落札代金が抵当権設定者へ渡ります。抵当権設定者が複数いる場合は、登記簿謄本に記載されている順位によって配当が決まります。

✎ 保証金

競売物件の入札を行う際に納めなければならない決められた金額のこと。売却基準価格の2割程度とされており、落札できなかった場合は、収めた保証金は指定口座に返金されます

＊登録免許税

169ページ

所有権移転もされます。当然、落札者が物件の所有者ですが、鍵を裁判所から渡されるわけではありません。通常の売買の場合は売主から鍵を引き渡されますが、競売で落札した物件には鍵がないことが多いので、鍵業者を手配して解除します。物件によっては前所有者の**残置物**が放置されていることがありますが、落札者は残置物を勝手に処分できません。仮に勝手に処分すると、前所有者から訴えられる可能性もあります。占有者がいたり残置物がある場合は、裁判所へ明渡しの手続きをする必要があります。

残置物

競売で落札した物件は、あくまでも不動産です。落札した物件の残置物には、家具や家電や生活雑貨等の動産があります。価値がないように思えるものでも法的手続きで処理することが必要です

競売のメリット・デメリット

メリット

- 市場価格よりも安く購入できる
- 仲介手数料がかからない
- 執行官が登記手続きを行うため、登記手数料はかからない

デメリット

- 3点セットを閲覧して判断しなければならない
- 室内を実際に見ることができない
- 落札して物件引渡し後に瑕疵があっても責任を負えない
- 代金納付期限までに支払わないと保証金が没収される
- ローンを利用することは可能だが、通常の売買のようにローンが不承認だった場合の契約解除特約はない
- 通常の売買のように重要事項説明や契約書はない
- 占有者等の交渉をしなければならない
- 現況調査報告書は専門用語が多い
- 持分のみの競売、競売対象以外の物件が敷地内に存在する等のケースもあり、落札しても通常通りに利用できない可能性がある

第**12**章 不動産業界の実践知識

Conclusion

❶ 3点セットは裁判所の閲覧室にファイルされている

❷ 競売では登記手続きのための手数料はかからない

❸ 競売物件の残置物を勝手に処理してはいけない

7

▶ 建物状況調査

建物状況調査について契約書に記載する

Check Point

✅ 建物状況調査は建物の現状を把握するために行われる

✅ 建物の劣化・不具合等の状況をおおよそ3時間程度で検査する

✏️ 媒介契約書

不動産の売却や購入の仲介または代理等を宅建業者に依頼する際の契約のこと。依頼できる宅建業者が一社のみの専属専任媒介と専任媒介、複数の宅建業者に依頼できる一般媒介にわかれており、専属専任媒介は自ら契約の相手方を探して契約すること(自己発見取)を禁止している。また、一般媒介には依頼している宅建業者を開示する必要のある明示型と開示する必要が無い非明示型がある

✏️ 斡旋

仲介業者が間に入って双方をうまく取り持つこと

宅建業法の改正による建物状況調査の取り扱い

2018年4月1日に宅建業法が改正され、既存住宅の取引において、**媒介契約書に建物状況調査（インスペクション）の斡旋**の有無が記載されるようになりました。必ず調査を実施するとは限りませんが、宅建業者はどのような調査なのかを把握し、お客に説明する必要があります。

検査内容と行われる状況

中古住宅は、新築とは違って維持管理や経年劣化の状況により建物ごとに品質等に差がありますが、その実態を購入希望者が見極めることは非常に困難です。

そこで、中古住宅の売買時やリフォーム時に現況を把握するために検査を行います。このときに、**建物の劣化・不具合等の状況を検査すること**を、建物状況調査（インスペクション）と呼びます。調査が行われる状況は、主に次の3つのパターンに分けられます。

● 建物状況調査が行われる3つのパターン ●

❶ 中古住宅の売買時の建物検査や住宅取得後の維持管理の定期的な点検等

❷ 日常生活に生じている不具合を修繕する際に行われるもの（耐震診断等）

❸ リフォームの前後に住宅の劣化状況と性能を把握するために行われるもの

建物状況調査では、国土交通省の定める講習を修了した建築士によって、基礎、外壁など建物の構造耐力上主要な部分、雨水の浸入を防止する部分に生じているひび割れ、雨漏り等を調査します。調査にかかる時間は建物の規模や状況等によって変わりますが、おおよそ3時間程度です。

あくまで、構造の安全性や日常生活に支障があると考えられる劣化事象等の有無について、目視等を中心とした非破壊による調査によって報告するものです。建物の瑕疵*の有無を判定したり、瑕疵がないことを保証するものではありません。また、現行法規への違反の有無を判定するものでもありません。

宅建業法改正の目的とは

法改正は、宅建業者が建物状況調査を実施する者の斡旋の可否を示すことにより、建物状況調査の認知度、実施率を向上させることが目的です。
建物状況調査が広く実施されることにより、良質な既存住宅が流通しやすくなります。

＊瑕疵

146ページ

建物状況調査のメリット

建物状況調査を行うことで、調査時点における住宅の状況を把握したうえで売買等の取引を行うことができるため、取引後のトラブルの発生を抑制することができます。

建物状況調査のメリット・デメリット	
買主のメリット	**売主のメリット**
・より安心して判断することができる ・メンテナンスの見通しが立てやすい ・既存住宅売買瑕疵保険（222ページ）への加入の可否判断基準になる	・引渡し後のトラブル回避 ・競合物件との差別化が図れる ・既存住宅売買瑕疵保険への加入が可能なら、住宅ローン控除を受けられるとアピールできる
買主のデメリット	**売主のデメリット**
・調査費用がかかる ・売主の合意を得られなければ調査出来ない	・調査費用がかかる ・調査により不具合箇所があるとマイナス要素を公開することになる

Conclusion

❶ 建物状況調査の斡旋の有無を記載するようになった

❷ 瑕疵や現行法規の違反の有無を判定するものではない

❸ 取引後のトラブルを抑制するメリットがある

8

自宅売却後も そのまま住み続ける方法

リースバックする理由

ローンの返済が厳しい、まとまった資金が必要などの理由で自宅を売却したいが、住み慣れた自宅から引越したくないケースが多いようです

自宅を売却した後も自宅に住み続けられる

現在、不動産業界ではリースバックとリバースモーゲージという仕組みが注目されています、

リースバックとは、自宅の売却後に買主と賃貸借契約を締結することで、そのまま自宅に住み続けられる制度です。

リースバックの仕組み

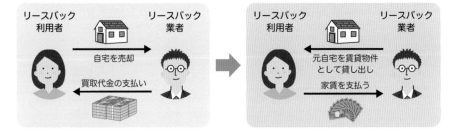

メリット	デメリット
● 自宅が現金化できる	● 所有権が移転する
● そのまま住み続けられる	● 賃料が発生する
● 固都税、火災保険等の固定費の支払いが無くなる	● 通常の売却よりも金額が安くなる
● 住宅ローンの支払いがなくなる	● ずっと住み続けられるわけではない
● 通常の売却ではないので近隣に売却したことを気づかれない	● ローン残高等によってはリースバックで売却できないこともある
● 将来的に買い戻すことも可能	● 買い戻す金額が高い
	● 買主が第三者へ売却することもある
	● 賃料値上げや賃料条件等が変更されてしまう可能性もある

老後の生活資金を借り入れる

住宅ローンの場合、借入金額を一括で借りて毎月利子と元金を返済します。それに対して、**自宅を担保にして融資限度額を割り出し、その範囲内で一括で（もしくは毎月）お金を借り入れ、利息分だけを毎月返済するのがリバースモーゲージ**です。契約期間終了後、または本人死亡時に現金もしくは自宅売却により一括で借入額を返済します。

また、本人死亡時に担保とした自宅を売却することにより借入金を返済しますが、**担保割れ**[*]している場合は不足分の債務は相続人の負担となってしまいます。リバースモーゲージを利用するには、相続人からの理解も必要です。

長生きリスク

老後の生活資金をリバースモーゲージのみに頼っていると借入金が融資限度額まで達してしまったり、契約期間が満了して自宅を売却しなければならないケースがあります

担保割れ

担保評価額が、担保で借りた金額の残高より少なくなっている状態

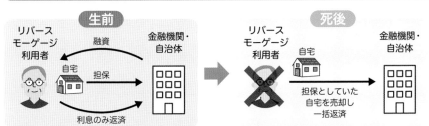

リバースモーゲージの仕組み

生前

リバースモーゲージ利用者 ── 融資 → 金融機関・自治体

自宅 ── 担保 →

利息のみ返済

死後

リバースモーゲージ利用者　自宅 → 金融機関・自治体

担保としていた自宅を売却し一括返済

メリット	リスク
● 年金代わりになる ● 自宅を売却せずに住み続けられる ● 高齢者でもお金の借入ができる ● 自宅に住宅ローンが残っていてもリバースモーゲージに借換えもできる	● 長生きして契約の満期を迎える ● 貸付の極度額に達して貸付が止まり、利子だけを支払う状況になる ● 土地の評価が下がって貸付が止まり、利子だけを支払う状況になる ● 一括返済時に担保割れになる ● 金利が変動する

Conclusion

❶ リースバックは同じ条件で住み続けられる保証はない

❷ 買戻し価格が割高になり、買い戻せないこともある

❸ リバースモーゲージで担保割れしてる場合は相続人の負担になる

道路つけによる
建築費と解体費の違い

　建物を建築する際は、建築仕様や建物の構造（木造・鉄骨・RC造等）によって建築単価は変わります。建築費用や解体費用は、上記のほかに敷地の接道状況や地盤等によっても大きく左右されます。

　たとえば道路が狭かったり、敷地が狭小地であれば建物解体の建築車両が敷地まで入ってこれません。

　資材の搬入や解体作業が手作業となってしまうので、建築費用や解体コストが上がります。

　また、地盤が弱い土地に建築するのであれば地盤改良工事や造成工事等は必要です。

　逆に解体する際は、地盤が弱い箇所であると基礎を深く打っているため、基礎の解体コストもかかります。

　基礎を深く打っているかどうかは、設計図書等を見れば確認ができますが、建物が古かったりすると設計図書がない場合があるため、建物を解体してみなければコストがわからないこともあります。

⚠ 値上がり可能性のある注意点

☑がけ地に建つ　☑法地が多い　☑一方道路　☑道路が狭い
☑車が入れない　☑狭小地に建つ高層建物（基礎を深く打っている）

さ行

な行

●著者　脇保 雄麻（わきやす・ゆうま）

1977年生まれ。青山学院大学卒業。家業がリフォーム会社を営んでいた関係で学生時代から賃貸不動産の原状回復工事の実務に携わる。不動産営業に興味を持ち三菱UFJ不動産販売株式会社に入社。狭小地から事業用不動産の売買仲介実務に携わる。お客様の抱える問題はさまざまでも、問題の大小ではなく売買金額の大小によって手数料が違い会社の評価も手数料の大小で評価されるのに疑問を抱き独立を決意。2011年株式会社ユー不動産コンサルタント設立。不動産職人としてお客様から感謝される仕事をすることをモットーに不動産実務に携わっている。

（公）不動産流通推進センター主催の2015年「不動産有効活用コンテスト」と2018年「事例発表会相続対策部門」において最優秀賞受賞。

株式会社ユー不動産コンサルタントHP
https://you-rec.co.jp

●イラスト　　　吉村堂（アスラン編集スタジオ）
●本文デザイン　佐藤純（アスラン編集スタジオ）
　DTP
●編集協力　　　青木啓輔（アスラン編集スタジオ）
●編集担当　　　山路和彦（ナツメ出版企画株式会社）

ナツメ社Webサイト
https://www.natsume.co.jp
書籍の最新情報（正誤情報を含む）はナツメ社Webサイトをご覧ください。

本書に関するお問い合わせは、書名・発行日・該当ページを明記の上、下記のいずれかの方法にてお送りください。電話でのお問い合わせはお受けしておりません。
・ナツメ社webサイトの問い合わせフォーム
　https://www.natsume.co.jp/contact
・FAX（03-3291-1305）
・郵送（下記、ナツメ出版企画株式会社宛て）
なお、回答までに日にちをいただく場合があります。正誤のお問い合わせ以外の書籍内容に関する解説・個別の相談は行っておりません。あらかじめご了承ください。

知りたいことがよくわかる！
図解 不動産のしくみと新常識

2021年4月23日　初版発行

著　者　脇保 雄麻　　　　　　　©Wakiyasu Yuma, 2021
発行者　田村正隆
発行所　株式会社ナツメ社
　　　　東京都千代田区神田神保町1-52　ナツメ社ビル1F（〒101-0051）
　　　　電話03（3291）1257（代表）／FAX03（3291）5761
　　　　振替00130-1-58661
制　作　ナツメ出版企画株式会社
　　　　東京都千代田区神田神保町1-52　ナツメ社ビル3F（〒101-0051）
　　　　電話03（3295）3921（代表）
印刷所　広研印刷株式会社

ISBN978-4-8163-6998-8　　　　　　　　　　Printed in Japan
＊定価はカバーに表示してあります　＊落丁・乱丁本はお取り替えします

本書の一部または全部を著作権法で定められている範囲を超え、ナツメ出版企画株式会社に無断で複写、複製、転載、データファイル化することを禁じます。